U0013834

讓我們放下義務。

——約翰·貝里曼《夢想之歌 82: 遺作第五號》

Contents

推薦文／短語

我自幼是個積極孩子，暑假作業都趕在第一天寫完。但確實如書中所說，拖延到最後一天最後一小時能激發腎上腺素，簡直讓拖延成了一種癮。《拖延有理》替人們的拖延病正名，也讓我認真思考——這次不如拖稿了吧？

祁立峰——《讀古文撞到鄉民》作者、中興大學中文系副教授

我跟達爾文心頭最軟的那一（藤）塊（壺）

顏訥──作家，資深拖延患者，博士論文寫了2.5章聲稱明年會完成

讀完《拖延有理》的這個早晨，正好是我為了逃避博士論文與積欠稿債的第七個早晨。在這七天裡，《拖延有理》給了我數次振奮，激笑，高潮，作者安德魯．桑提拉簡直拖延症患者期盼多年才終於披掛登場的領軍人，此處從心理學、神學突刺，那處又從經濟學、社會學射擊，時間、效率、管理、自我控制，這些詞彙的發明，如何在我們這種熱衷體驗生活的演員劇本上殷殷塗改，都在安德魯．桑提拉幽默又紮實的演員功課中顯露了痕跡。於是，達爾文、達文西、愛倫．坡、里爾克，歷史上最華麗的拖延症患者列隊而來，一部拖延行為史的行軍路線，畫卷一樣緩緩在時間裡鋪展開來。全世界的拖延患者站起來！隨著吹笛手安德魯．桑提拉美妙的

樂音跳舞到天明吧。

果不其然，在這等待坐上書桌寫論文的七天裡，我列過三份待辦清單，研發過兩道新菜，看完十部美劇，還鑽研了嘻哈音樂的地域史，能夠振振有詞分辨清宮大戲美學文化，根本就依《拖延有理》的章節順序安排自己，都與論文無關。然後，讀到安德魯·桑提拉如此描述像我這樣一個研究生，痛哭流涕：「即使『完成學位論文』可以幫助一位畢業生在未來得到更好的工作機會，他卻選擇把時間拿來再玩一盤拼字遊戲。他偏愛此刻的自己多過未來的自己。當然，有可能這個浪費時間玩拼字遊戲的畢業生，對於未來的豐厚報酬（好工作）的承諾缺乏信心。」樂觀主義，又為了無法自律而焦慮憂鬱，花太多時間擔心恐懼未來，常常想掐死自己，最終還是會在希望「成為」某種更好的樣子的路途中歡欣鼓舞、手舞足蹈，在死線到來前讚嘆自己潛力噴發彷若天才。

好吧，我終於知道，為什麼小時候看完《亂世佳人》，震撼我的不是戰爭亂離也不是愛情悲劇，而是結尾郝思嘉在迷霧中流著淚喃喃自語：「今天我不能再想，再想我會瘋掉，等明天再想吧，畢竟，明天又是新的一天。」每一日終了前我都會重新成為郝思嘉，但那是希望還是絕望，是自由意志的選擇還是等待命運的救贖，只有長期被困在當下與未來之間溝渠的拖延老兵們，才知道箇中滋味。

拖延症患者總以為自己最需要的是尋找效率的辦法，但《拖延有理》給的不是辦法，而是在折磨中重新踏上追尋內在英雄旅程的耐心。安德魯·桑提拉不是神醫，他是給這個「症狀」無限想像力的知心人。

「我們都有屬於自己的藤壺」，這是《拖延有理》藉達爾文的故事，送給拖延症匿名互助會的通關密碼。希望讀完這本書，我們都能在闃暗中找到入門巷路，都能寶愛藤壺帶給我們的艱難與自由。衷心推薦給日日被死線碾壓，為時間管理能力所苦的研究生、寫作者、自由接案者、人類圖內在權威是情緒中心的盟友，雖然有可能過分熱情的閱讀《拖延有理》，也是為了拖延真正該完成的工作所走上的叉路，但誰知道呢？這可能是我走過風景最最使人激爽的叉路了。

偷偷告訴你，這篇推薦呢，在編輯三催四請，動之以情，說之以理後，還是，遲交了。但是，身為資深拖延症患者，我們的原則與榮光也是很值得守護的呢。不然，你能拿我怎麼樣，來咬我啊！

1.

達爾文的藤壺

-

父親預期我將變成一個渾噩度日的浪蕩子。以當時而言，我的確很有可能會是那樣。他強力建議我應該轉而成為一名神職人員，我請他給我一點時間考慮。

—查爾斯．達爾文《查爾斯．達爾文自傳》

即便是個推三阻四的拖拉之輩，也總得從一個「點」開始（如果他真心想要開始做些什麼），所以，我們就從達爾文說起吧。

一八三七年，查爾斯·達爾文（Charles Darwin）把這一整年絕大多數的時間，耗費在一系列口袋大小皮革裝訂的筆記本上：繪畫、速記、素描和潦草塗鴉，什麼都來。他在倫敦時，到哪都隨身帶著筆記本。每本筆記都有個小小的金屬扣，像是日記一樣。

他那時在大萬寶路街（Great Marlborough Street）租房子住，離雅典娜神廟俱樂部（Athenaeum Club）不遠，文壇新秀和科學人士時常聚集在該俱樂部裡，夾雜在新古典主義雕像之間，低聲交換著絕妙的想法。達爾文此時剛被選為會員之一。其中一位俱樂部新會員便是查爾斯·狄更斯（Charles Dickens）。我猜他們肯定見過面，畢竟這兩個人名字都叫查爾斯。不過就我所知，歷史上沒有任何他們見過面的紀錄。我喜歡想像他倆交談著，對當時的政局或是俱樂部的餐點搖頭嘆息。

達爾文那時才二十八歲，剛結束耗時五年的「小獵犬號」（HMS Beagle）環球旅行，這一趟航程使他在科學界裡嶄露頭角。此刻的他，手邊有一紙出版合約，以及逐漸響亮的博物學家聲譽。身為聰明且條件優秀的單身漢，各方而來的晚宴邀約，早已超出他的承受範圍，而他仍忙著將自己漫長旅程的所見所聞理出一些頭緒。下面是達爾文花了大量時間試圖弄明白的一個謎：在距離厄瓜多西岸六百英里的加拉帕戈斯群島上，他發現了數十種知更鳥，每一座小島上就有一個種類。為什麼在位置鄰近的地區會有如此多樣的品種？某座島上有著尖喙的鳥兒，到了另一座島，鳥喙卻成了鈍狀？為什麼其他自然學家發現美洲鬣蜥、陸龜和其他物種的相似品種，但是每座島上的物種數量卻大不相同？

這些都是達爾文在他皮面筆記裡潦草記下的問題，伴隨著插圖、寫給自己的速記心得，以及和其他自然學家對話的概要。如今他也琢磨出一些答案了。

一八三八年夏天，他在一本筆記中寫道：「每個物種都會改變。」八個字。極其簡單的一句話，卻是如此驚世駭俗。達爾文確信，我們所知的生物種類，並不像一個天定的計畫那樣，永遠保持不變，而是經過再三的修正。到了九月，他在筆記中描述了隱藏於這個修正背後的改變機制：一個有機的環境偏愛某種隨機的突變，並消滅其他種類的方式。他把這種淘汰的過程稱為「天擇」。

這可是足以改變世界、動搖信仰的大事件。但是整個世界還得等到二十年之後，才會聽到這個說法。因為在人類思想史上做出大躍進的達爾文做了一件奇怪的事——他把整件事擱置在一旁。他沒打算要把他的想法公諸於大眾，沒有把這想法寫成論文送到科學期刊，也沒有對大眾媒體提供任何文章，更沒有開始動手寫成書，甚至連找出版社洽談的念頭都沒有。至少，這時候什麼都還沒成形。他倒是曾經跟幾個朋友聊到自己的看法，也對自己的新理論寫了簡短的摘要，並把這稱之為「科學可觀的一步」。然而，他還是把這摘要，連同那些金屬扣筆記本鎖起來放著。他訂出了指示，這些著作在自己死後才能夠出版。

這段期間，達爾文可沒有怠惰下來閒蕩度日。他結了婚，組成自己的家庭，全家搬到鄉下去住。達爾文伏案振筆疾書，寫到整個背都發痛。他就珊瑚礁和火山群島等主題，寫出一冊又一冊的觀察心得，還編輯出一本共分五大部的專書《小獵犬號航程動物學》（*The Zoology of the Voyage of H.M.S.Beagle*），也為期刊《園藝紀事》寫了一些肯定不足以驚天動地的文章，例如〈如何讓果樹幼苗順利成長〉、〈活用鋼繩升降水井桶的優點〉。在一八四六年到一八五四年間，達爾文對於藤壺的研究分析和描述，幾近癡迷的程度。

他全神貫注的花了好幾年在這上頭，成了藤壺的狂熱粉絲。有些人或許會說，他在「迷戀藤壺」的天秤上搖擺著。他鎮日彎腰駝背，盯著特製的藤壺顯微鏡，周邊環繞著泡在酒精瓶裡的藤壺樣本，試著弄懂藤壺王國裡的極大差異和神祕。他把它們稱為「我鍾愛的藤壺」。他一個朋友說他「腦袋上長著藤壺」。他對藤壺付出這麼多的時間心力，導致他的孩子以為全世界的父親都跟他們老爸一樣。據說某次他們去拜訪朋友時，達爾文的小孩問了一個問題：「那你父親在哪裡觀察他的藤壺啊？」

藤壺和其他的事情讓達爾文忙得不可開交，直到一八五九年，他才終於出版了《物種起源》（*On the Origin of Species*），這本書清楚表達了他二十多年前在筆記本裡初次勾勒出的理論，造成巨大爭議。當他年紀更長、聲名大噪時，達爾文也承認，他對自己「從想法成形到寫書出版」之間的種種延遲，感到困惑不解。有些人把這段間隔，稱為漫長的等待期。

達爾文為什麼要等這麼久，才讓世界知道他悟出的道理？連他自己也知道這是會使科學往前大躍進的重大發現，但他為什麼遲遲不願和世界分享？

這是一個讓自傳作者、科學史家，以及任何對理性的人（即使是極度聰明又著作多產的達爾文）表現出怪異行為而感興趣者，時刻縈繞心頭、揮之不去的問題。對於達爾文的拖延，我們其實可以找到很多解釋。首先，他的研究成果至關重大。跟其他人一樣，他知道自己的書將對科學界造成革命性的影響，也可能會把自己平靜的鄉間生活搞得天翻地覆。因此，我們也就不難理解他抱持的矛盾心態。

達爾文也是虔誠基督教精神下的產物，儘管他走的道路偏離了信仰，他仍然還是一個堅定信仰者的丈夫（他的妻子無時無刻擔心著丈夫永恆的靈魂），以及一個篤信宗教的父親的忠誠兒子。達爾文擔心自己會激怒年邁的父親。一如他在書中清楚表明的，要把上帝的手從創造天地萬物的過程中抽離，絕不會是一件被大眾輕鬆看待的事情。

此外，他的完美主義也擋在前頭。和每一個優秀的科學家一樣，達爾文的研究態度不只井然有序，且十分周密，從成排裝滿等著被檢視的藤壺就可以略窺一二。在他有條不紊的心智裡，認定就算自己拖了數十年，也會因為這是為了確定自己有把一生最重要的工作做對、做好的科學家態度，而獲得理解。因此，他總是還有一個實驗要完成，還有一個來源要確認。即使後來真的出書了，也堅持把自己劃時代的書稱為「理論作品」，彷彿是預先為該書的評論不完整（假若有人如此認為），來表達歉意。

也或者，達爾文一開始就沒有打算要出書？在離倫敦十五英里遠的達爾文故居中，客廳有著一架鋼琴，走道長廊上的櫥櫃裡，放著網球拍、登山靴、筆記本，以及所有讓英國鄉居生活舒適愜意的裝備。屋裡還有一間撞球室，屋外有著景觀花園。「我的生活，就像規律精確的時鐘持續走著，固定在該結束的時候結束。」他在寫給某位朋友的信裡這麼說，聽起來像是一個完全沒興趣打亂日常生活的人，更別提要把人類整個思想史攪得天翻地覆了。他形容自己的生活有如時鐘規律是正確的。每天每天，達爾文都會在破曉前，先到鄉間曠野散散步，午飯前也會先帶著家裡的狗在院子裡繞繞。中間那段空檔或許至關緊要：他有工作要做，做些他喜歡的小研究。藤壺正等著他呢。

事實上，當我們開始深入研究達爾文的拖延行為，就會看見即使他在沒有打算出版《物種起源》的期間，他的生活依然緊湊。達爾文永遠沒辦法閒下來，即使是在寂靜的鄉間休養，或是把自己畢生最有意義的著作暫時擱置也一樣。他似乎一向就憎惡閑散怠惰。他需要的是一項研究，什麼都好。蚯蚓、藤壺、蘭花，哪樣都行。他持續做著這些研究，彷彿整個世界的存亡就靠這些了。但事實上這世界絕大多數的人，對他的藤壺研究根本毫不在意。即使達爾文本人後來也承認，自己對於藤壺的研究可能過火了一些。「我懷疑這份工作是否值得投注如此大量的時間。」他在自傳裡承認。達爾文花了二十年做各種研究，唯獨遺漏了一件他必定知道非靠自己完成不可的事情：出版足以改變世界的自然天擇一書。照這邏輯看來，他的自傳差不多也是一則錯放精力的故事罷了。

因此，在多產的科學家身分之外，達爾文有可能也是個拖拉一族嗎？要回答這問題，我們最好先明白拖延跟懶散之間，沒什麼連帶關係。

不是每一個人都知道這當中的區別。成立「匿名戒酒會」的比爾·威爾森（Bill Wilson）曾經把拖延的行為，比喻成「五個音節的樹懶」。說到英文 procrastination 的發音有點饒舌這部分，威爾森是對的。這個由兩個拉丁字根（pro，意為「向前」，而 cras 則是「明天」之意）組成的複合字，的確得花些時間搞清楚它的意思，因此這句評論倒也中肯。但是，威爾森對於樹懶的認知就不正確了。拖拉一族在極力避免做正事的同時，照樣可以讓自己很忙碌。達爾文對於自己的新理論可能異常謹慎，但絕對不能算是拖拉一族。要證明這一點，就想想那些藤壺吧。幽默作家羅伯特·班克利（Robert Benchley）在一篇文章〈把事情做完的方法〉裡的觀點就更為接近事實，明確表達出拖延行為基本通則之一：「每個人盡可做更多的事，偏偏都不是在那個時候應該做的。」

班克利的通則適用於一般大眾如我們，而不只限於有劃時代影響力的科學家。當我處在死線的急迫壓力之下，我的公寓總是維持得一塵不染，我的檔案多數時刻都有精確的紀錄，冰箱裡幾乎見不到發霉的剩菜剩飯。在應該完成某件當務之急的時刻，我反而義無反顧地決定去做所有和那件事無關的事。

世人記住達爾文是因為他的聰穎、勤奮和孜孜不倦，但是他的拖延行為則讓大夥覺得他更容易親近，也更有人性。他提醒了我們，人類心理動機的糾結複雜。我們都有應該要完成的事務清單，那些我們一定得完成的事情；然而，我們總會找理由不去做這些事。這麼說來，我們大家都可以宣稱自己跟達爾文有某種契合度。

我們都有屬於自己的藤壺。

我記不得自己是在什麼時候，想到要寫一本關於「拖延行為」的書，但我記得我在產生這個想法之後，有很長一段時間我什麼也沒做。

我犯了一個眾多拖拉者會犯的錯誤：我把這個想法告訴了親朋好友。他們鼓勵我，告訴我他們等不及要讀這本書了。這可是他們所能說的話當中，最糟糕的一種。他們本意良善，卻不明白自己的鼓勵只會降低我「真正動手寫書」的可能。倒不是我懷疑這主題到底值不值得寫，理由恰好相反：我對這本書愈感興趣，寫作也就變得愈加困難、愈加不可能。我屬於那種會想方設法，把最迫切需要完成的事情盡可能一延再延的拖拉者。

因此，那些原本可以專心寫拖延之書的時間，我拿來把收藏的黑膠唱片按照字母順序排列，或是把暖氣機上漆，或是看 YouTube 上別人家的狗對著一根大湯匙猛吠的影片。我不是努力打掃樓梯，就是在網路上購買華特．弗雷澤（Walter ‘Clyde’ Frazier）的籃球鞋，外加多此一舉地清掃廚房地板，努力翻出冰箱裡殘存的乳酪，然後吃掉；或是徒勞地試著修復滴水的水龍頭。我甚至還會收聽講解運動賽事的廣播節目，這可是我心裡最深層最黑暗的羞愧事。

當你到處告訴人，自己正在撰寫一本關於拖延行為的書之後，就會發現這種任務型規避的情形有多麼普遍。人們喜愛招認自己的拖延行為。他們會熱切地告訴你，他們喜歡用哪些方法來延遲自己手邊應該要做的正事。每個人都會拖。一位喜愛賞鳥的拖拉者就告訴我，他在大自然裡觀察到鳥兒跟他擁有類似的習性：當鳥面對競爭對手，不確定自己應該奮勇戰鬥或是逃遁為上時，時常會決定兩樣都不做，只是對著地面持續地啄個沒完。對鳥來說，生活也就是去找個某件（或任何）什麼來做，而不是去做你沒法強迫自己去做的事。

在書寫（或不打算書寫）這本書的準備過程中，我把自己埋進跟這主題相關的文學作品裡；不是說我是個多麼勤勉認真的研究者，而是因為「研究」是每個人喜歡用來拖延真正提筆寫作的最佳藉口。我猜這其實也是小鳥啄地的變奏版。我的研究一再出現相同的數字：百分之二十的人屬於慣性延遲，三分之一的美國研究生自稱是重度的拖拉者；員工每日的工作時數中，有一百分鐘被猶豫不決給揮霍掉了。我也注意到許多寫同樣主題的研究學者承認，自己也有這種習性。關於拖延行為在學術文章中不斷出現的比喻之一，是作者在死命拖著、不寫出研究結果一事上，會把自貶擱在一旁。

不過令我最感驚訝的，則是看到有多少人孜孜不倦地研究拖延行為。一大疊數量持續成長的期刊文章，都在探討拖拉者對於經濟、公共健康或是人們集體情緒活力造成的損害。學校輔導員和人生教練為慣性拖延的人提供解方，成排的書架，擺滿了關於如何擊退這不良習性的暢銷書。或許拖延行為最弔詭的地方就在於，它已經創造出一個生機勃勃的迷你產業，讓一堆人忙得不亦樂乎。

我幾位朋友對於我對這本書的盤算有些誤解。他們以為我心裡想的是一本提出建議的指南書：關於身為人生勝利組的一些軼聞趣事、關於他們成功祕密的概要，而且還受到最新社會科學研究的背書支持。只要遵照這些範例，「你」也可以快樂、滿足，還能成為職場上的璀璨明星。

但是我根本毫無意願去說服任何人去做或是不去做任何事。事實上，我也沒想過要結束我自己的延遲拖拉習性。我的目標不是去否認自己的習性，而是為它正名，找到赦免它的理由。我希望，如果自己可以研究到足夠的歷史資料和學識，我就能為自己的慣性拖拉，找到一些理由和理論基礎。我知道這也許不是最健康的態度，但對我卻是再自然不過的事。自助書籍對我完全起不了作用：那全都是所謂責任感帶來成就、個人成長進步的生意話術。如果我真的想讓自己有所進步，到這時候早該實現了。當然我並沒有實現——至少目前看來是如此。如果我真的做到了，大概也就不會對於拖延這個題目有這麼濃厚的興趣了。

·

每當我要寫特別困難的題目時，第一件事便是到浴室去，抓起海綿努力洗刷磁磚縫隙。倒不是我需要一間毫無污垢的晶亮浴室，這份不用花腦子的體力勞動，也不會幫我想出任何有創意的點子。事實是，只要我持續清除縫隙裡的灰泥，我就愈不可能去「進行」這項困擾著我的寫作計畫。畢竟，一個人同時能做的事情也就這麼多。

這種需要各種干擾和渴望的自我破壞心理，早已其來有自。我童年最鮮明的記憶，是在整個週末沒做功課的拖拉行為之後，跟著出現的週日夜晚恐懼症：星期一早上就要交作業，但自己根本還沒開始寫。我現在明白，那些家庭作業始終沒有做完；只不過到人生後來某個階段時，我們不再把它稱為「家庭作業」，而且有人開始付錢要我們做這些事。但是這份恐懼未曾遠離，至少，對我來說是如此。

延遲和拖延的行為，一般被認定罪無可逭。從歷史和文學看來，拖拉者總是和軟弱、浪費和可鄙劃上等號。我們總被人質疑。即使是死硬派的拖拉者，只要想到自己什麼事都沒做，也會感到極度不自在。或許這是為什麼當我們拖著腳步緩慢前進時，會被人戲稱為「殺時間」。這個詞把拖拉者當成謀殺犯。人們談到拖延，常會冒出和犯罪活動、違法違規等領域相關的詞彙。十八世紀的詩人愛德華．楊（Edward Young）就把拖延稱為「時間的小偷」。十九世紀散文家湯瑪士．德．昆西（Thomas De Quincey）的《癮君子自白》（*Confessions of an English Opium-Eater*），讓他成為成癮回憶錄類型的先驅和頂尖的過失專家，他形容拖延是「最醜陋的惡習」。他這句話可是出自經驗談。昆西屬於至死不悔的拖拉者，每當他收到編輯來信，提議要出版他寫的任何作品，就算他當下極度需要收入，也無法改變他不動筆回信的決定。

達爾文和昆西都是多產的作家，也都是拖拉者。寫作這件事到底有什麼問題，讓這些作家會不斷一延再延？我喜歡這麼認為：沒有人可以理解拖拉者的心理就跟作家一樣，他們冒了所有的風險（舉凡事業、成就和不可侵犯的截稿死線），就只是等到最後關頭才認命、採取行動。當桃樂西・派克（Dorothy Parker）被問到她為何會拖這麼久才交出草稿，她只說了句：「就有人把鉛筆拿走了啊。」沒錯，我也認識其他不會拖拉的作家，認識那些渴望在一定年紀就達到某個里程碑的作家，而他的人生不光只是勝利組，還是屬於「英雄出少年」的那種。不過，我更同情屬於拖延群組的作家，那些大器晚成者，那些拖拖拉拉的人。這本書就是「把生命花費在死命不去做自己早該做的正事」的產物。

這是一本我耗了一輩子的時間，不去寫出來的書。

拖延是我們所聽過最古老的故事之一。歷史進程上只要有哪樣事情需要完成，我們絕對能夠找出某個該為拖住整件事不做而負起責任的人。拖延行為在文學、宗教、經濟、醫學和軍隊歷史上，屬於一再浮到表面的泡沫。

老是試著推諉上帝交付給他任務的摩西，肯定也是個拖拉者。西元前八世紀的古希臘詩人赫西奧德（Hesiod）在農耕生產紀錄上屬於瑰寶的詩作〈工作與時日〉（*The Works and Days*）裡就曾警告：「不要把農務延到明天、後天，只有懶惰的農人才會不想辦法填滿他的穀倉，喜歡拖著工作的農人也一樣。」西塞羅（Cicero）在襲擊他的對手馬克·安東尼的時候，警告拖延行為「可惡透頂」，對一名戰士而言尤其如此。

《新約聖經》字裡行間充滿要世人起身行動的警語，不要延遲如懺悔等的重要大事。不過，即使是聖徒，在遵守這些警語上也有諸多困難。希波的奧古斯丁

（Augustine of Hippo）在祈求讓自己貞潔的著名祈禱文裡就說：「但是時候未到。」

基督教傳統對拖延的厭惡，深植在對於永生的渴望，以及擔心人類遲遲不做出救贖的恐懼中，如此一來，過早到來的死亡會介入，把我們抑制在永無止盡的折磨裡。我整個童年浸淫在這天主教教義當中，直到今天，自己仍然會因為沒有及早修補某扇窗戶的破洞，而被一種像是犯了滔天大罪的恐懼糾纏著。

我之所以欣賞奧古斯丁的貞潔祈禱文，在於它清楚表達了我自己的矛盾心態。就跟所有的拖拉者和奧古斯丁一樣，我嘴裡總是說著：「時候未到」。薩繆爾・貝克特（Samuel Beckett）的〈終局〉（*Endgame*）一劇裡，哈姆被問道：「你相信來生嗎？」他回答：「我的生命已向來如此。」

甚至連許多熱中此道的拖拉者，對於自己這習性背後的歷史也一無所知。這就令我不解了。深入挖掘拖延行為的久遠傳統，可令人將氣力放在這無止盡的旁騖上，也可成為自己迴避手邊早應該進行的事情的實用法子。更棒的是，這讓拖拉者可以把自己看成某個虛構遺產裡的維護者，而不只是虛擲時間的敗壞者。

身為喜愛延遲的拖拉者，滋養著這些強辯，可說相當重要呢。

‧

話說回來，我們到底是有什麼問題？往回溯及到亞里斯多德一代的思想家們就已經好奇，為什麼人不會去做他們明知對自己有益處的事？為什麼我們不把時間做更智慧的分配，讓我們在適當的時間內做完所有應該完成的事情？為什麼我們不把自己的生活安排得更理性呢？

一種答案是，這要依照這題目問的對象而定。不同的教規戒律，各有不同的方法來試著提供這些問題的答案。我跟心理學家、經濟學家、祭司牧師和哲學家談過，他們各有獨特的方式去理解拖延；我自己在個人身體、心理和文化上遭遇的經驗，也獲得了一些對於拖延的理解。我也聽過它被描述成基因表現的一種方式、是道德的敗壞、是意志力的脆弱、是焦慮症或是憂鬱的症狀，或是外部刺激造成認知系統不堪重負。

要「定義」拖延，可是出了名的困難。絕大多數的字典稱它的意思是「延遲或延期某些行為」，但多數人明白拖延也和規避有關，因為某些事情就是真的很難，就像我會推託牙醫的約診，因為我害怕鑽牙的聲音；或是學生在交件的前一晚九點鐘才開始寫十頁長的散文作業，道理相同。有些人會因為這類延遲動力十足，因此儘管還是能拖則拖，卻照樣頗有產能。有些人甚至會想要證明，正是因為這些拖延，餵養了他們的生產力，死線的匆促反倒讓他們更有能量。但多數靠思索這議題維生的心理學家，則定義「拖延不只是延緩或推遲時間，而是『同意之下』的拖延行為」——就推託和延遲看來，這定義更加糟糕。因此，如果你認為自己有充分的理由延遲一項工作，你就不是真的在拖。

儘管我本身做事拖拖拉拉，也總想著推遲行為這件事，但說真的，「想」和「做」時常是同樣的事：我看向周遭，充斥這樣的實例。報稅的人在四月十五日揮汗努力填完所有表格，屋主想著要把後院門廊重新上漆想了好幾年，也僅止於想想而已；病人把下一次看醫生的時間往後延了幾天——儘管理由不同，但全是拖拉者。

我的工作可納入自由工作者如作家、編輯、編寫程式人員、平面設計師等的類別，光在美國境內，我們這類人就多達上千萬，我們每個人或多或少都可以自由地以自己的節奏來做事。那麼我們做了什麼呢？基本上什麼都做，就是不會去做我們應該要進行的正事。也許，我們會去看個午場電影，或是坐下來慢條斯理地品嘗一杯價格高昂的美式咖啡；真有需要，我們甚至會去運動健身。做任何事情都好，就是要把「必須做事維生的不可避免性」，盡可能再往後推遲一下。這種零工經濟（gig-economy）的妥協是得付出代價的。跟許多拖拉者相同，我對自己沒做的事，總是留心警戒，像是還沒寫的書、還沒創業成功的網路創業動態等等；卻不去做自己可能早已完成的事，或是不去做自己還沒完成的事。我總是會進行著類似存在主義的精心計算，在自己做的事跟自己可能已經做完，或是自己還沒做完的事情之間衡量。

拖延招致惡名辱罵的一種理由，是它可能帶著我們走上（不管是由誰主導）被禁止的道路去。這樣的習性挑戰了權威，藐視一般人做事的既定方式。難怪拖拉者總是能招致強大的敵人。教會花了兩千年時間提醒所有人，拖拉會危害到自身的靈魂。現在，人們迷戀生產力，我們擔心的是更糟糕的觀點：經濟上和社交上的魯蛇境界。心理學家、生命教練和指南書作家，強化了只有經理人和人力資源部門才會喜歡的行為規範和表現標準。在這樣的邏輯下，在職場上獲得獎勵的積極效率，成為所有自我提升的基礎。生產力是從事生產勞動的福音；要達到圓滿成功，把事情做完是必要的一步。

如果我必須列出自己何以欣賞拖延行為的清單，我會從這一項開始：我喜歡它似乎可以激怒很多人的特性。我支持它，是因為有這麼多人排斥它。柏村．羅素（Bertrand Russell）在一九三七年寫下的散文《怠惰禮讚》（*In Praise of Idleness*）中，怒罵「效率崇拜」。我也一樣，想要為拖拉一族背叛時鐘的規則，以及他們在所有井然有序的雄蜂中表現的離經叛道，起身鼓掌喝采。

但是，我自然會這麼認為，不是嗎？這就是拖拉者會做的事，試著用精心闡述的合理解釋，為他們的拖延辯護。只要拖得夠久，你為自己找理由的技巧就會更純熟。我們在自我欺瞞上的天分，使得拖延行為更難以研究、更難以診斷，甚至更難以定義。但是深入思考拖延行為仍然很值得，它並不只是拖延真正工作的策略而已。當我們長時間思考拖延行為之後，不可能不去想到一些根本的問題：在倫理上，我們真的需要充分利用我們被分配到的時間嗎？在個人的自主權對上對他人的義務，以及職場裡那些永無止盡的要求時，我們又要如何去調解，使之一致？還有，在所有的資訊和娛樂似乎都垂手可得的時候，我們要如何分辨哪些值得我們的注意、哪些毫無意義？

你不必是個拖拉者，也能夠回答這些問題。但是對「拖延的拉鋸」保持警戒，是要付出代價的，這屬於心靈層面的功利。正如同其他任何一種衝動，在我本該被焦慮的浪潮淹沒之際，它卻也讓我感覺到自己掌控一切的假象，至少就某一段時間來說是如此。而那幫助我們感到一切在控制中的衝動本身，或許在我們感到精疲力竭的日常混亂中，也扮演了推波助瀾的角色。如果你想拖，就必須讓自己去調和一些矛盾。我喜歡拖，但又憎惡它，這行為讓自己覺得有罪惡感，卻又不急著停止。

拖拉者需要英雄。沒有什麼比聽其他拖拉者，講述自己如何丟臉地虛度光陰的故事，更讓我開心的事情了。如果這位浪費時間的拖拉者碰巧很出名也有所成就，那更像是蛋糕上的糖霜——妙不可言。知道某個拖拉者成功穿過逃避和延遲的幽黑森林，從另一端走出來，同時設法成就了某些事情：這可是了不起的大事啊。這類的故事可以讓拖拉者振振有詞：「你看，他們一樣成功了！」我成為這類故事的收藏者。它們讓我明白，延遲的行為不只光是虛度光陰、或是冒犯社會普遍秩序、或是讓自己洩氣的方式（儘管以上這些全都「是」），也更是深植在我們天真的矛盾心態和焦慮當中的基本人性衝動，以及讓我們穿梭在日常生活裡各種責任義務裡所需要的工具。這類的故事「也」證實了我們長久以來的疑慮：即使我們當中最有生產力的人，有時候也會想要當個拖拉者。

有何不可呢？對於蜜蜂來說，擁有無可動搖的勤勉不倦是件好事；但對人類來說卻不見得。有太多理由讓我們拖著不去做某件事，這讓我偶爾認為，這宇宙一定很想要我去拖延、去延遲。我在白天外出辦件事就花了二十多分鐘，一堆電子裝備在口袋和背包裡輪流砰砰、報時、嗡嗡響著。我可以檢查我的手機、平板電腦和手錶，看看有什麼重要訊息要讀，但這又會打斷了自己正在辦的雜事，整件事情演變成自己又從該做的事情中分了心。誰能說，我的工作不是對另一項更為重要的事情的干擾呢？誰又能說，「日復一日想要爬上通往功成名就的滑溜斜坡」這事情，對社會和個人，不過是個可憐的幻影罷了？我寧願如此認為，特別是在自己提不起勁工作的時候。

辦完雜事回到家之後，我可以選擇來趟虛擬漫步，在紐西蘭島上來來回回走著；說穿了，就是利用谷歌地圖衛星之便。每走了幾百英里，我需要歇會喘口氣時，就停下來、放大畫面找任何自己可以看到的酒吧或是咖啡館，然後在我的衛星停下來的範圍裡，慢慢遊逛。知道自己一個下午可以走多遠的距離是很驚人的事實，而一個下午，可以就這樣迅速消逝了。

儘管達爾文沒辦法用上現今地理空間數位視覺的技術，但我懷疑他還是寧願選擇持續自己每日的例行散步。他規劃出一條約五分之一英里長的沙石小徑，小徑圍繞著他在肯特家園的庭園，沿途植著女楨樹、榛樹和冬青樹。他每天都會在這上頭走著，身邊通常還跟著一兩隻狐梗犬。這裡便是他進行大量思考的地方。但是我好奇他在這裡到底完成了多少思索；在腳邊有狗兒打轉、孩子四處追跑、優美的草地風景，以及起伏有致的鄉間景色之間，他又想通了哪些事情。他的孩子喜歡在沿著小徑延伸而入的樹林裡，玩牛仔和印地安人的追逐遊戲，也會捉弄父親，拿走他堆疊在小徑旁來計數自己走了幾圈的石頭。只有上帝才知道，因為孩子的玩笑捉弄，達爾文到底花了多少個小時繞著花園不斷走著，彷彿一架在希斯羅機場上空盤旋的飛機，等待著跑道清空可以降落的一刻。他的書後來得以出版問世，很可能真的得說是一樣奇蹟。

達爾文喜愛自己的故居，他形容這房子「完全寂靜和樸實無華」。在這裡，他可以耽溺在自己終生的愛好，盡情地在樹林之間漫步；但也得感謝英國鐵路系統和統一便士郵政系統（Penny Post）的發展，使他不致錯失出席倫敦專業聚會的場合。有時候，這類的聯繫對達爾文來說仍是過於緊密。他對於郵差每日帶來如潮湧般的眾多信件的態度，會引起現今受到電子收件匣爆量的人的共鳴：正因為自己完全倚賴它，也因而極度憎惡它。如果某天郵差沒有帶來任何需要回覆的信件，他會在日記裡寫下，自己總算有一天可以不受打擾而滿心感激。

每當達爾文想把這世界對他的各種要求擱在一旁時，總會獨自到灌木叢生的低谷中漫步。達爾文年輕時面臨父親的不斷催逼，在神職人員、醫生或是其他體面的職業之間做出選擇，他最後的選擇不是上述當中的任何一樣。相反的，他請求的是延期。他告訴父親，自己「需要一些時間思考」，然後繼續沉浸在英倫士紳之間風行的各種鄉間活動：三樣據他父親描述為「狩獵、狗和捕鼠」的嗜好。在劍橋期間，達爾文愛上了全套的「運動套餐」，全心投入射獵、騎馬、飲酒和快活地放聲高歌。對他來說，似乎沒有哪一樣職業上的企圖心，值得自己錯過山鶉狩獵祭開放的第一天。

在生命重大決定上的躊躇，一向都無法獲得任何人的同情。達爾文的父親警告兒子，他將來可能會讓全家人蒙羞。我不得不懷疑達爾文的遲遲不做決定，在多少程度上可以解讀為十足的乖張、以及不向這世界的命令降伏的執拗決心。如果說拖延行為有任何的美德，其中一樣肯定是它鼓勵我們思考，我們為什麼要做目前正在做的事情（或是我們為什麼不去做我們不想做的事情）。當我自己耽擱了應該做的事情時，時常是因為我納悶這世界要我做的這些事情，到底值不值得做。達爾文可能也在納悶類似的事情。

一直要等到有人邀請達爾文以「科學人士」身分，加入「小獵犬號」航程和船長作伴，他才明白了自己要緊的工作是什麼。等他成為一位大人物之後，達爾文對於自己延遲不決定那些已經為他計畫好的種種未來，感到納悶。這讓他進而思索自己就讀劍橋期間，那些和喜愛冒險打獵的有錢人一起閒混的時光。「我知道自己應該為那些被如此消磨掉的白天和夜晚，感到羞愧。」他承認道。但事實上，達爾文並不覺得慚愧。他早已決定，對於自己把大把時間花在懷疑到底該從事什麼職業，整體說來沒有不好的地方。他也不後悔，自己把時間耗費在狩獵騎馬唱歌的那段光陰。

花了大量時間思索這些事情之後，達爾文說他若再重來一次，也不會做不同的選擇。

2.

拖延令人錯亂

-

聰明點，拖延令人錯亂。
先前的致命災難，導致隨後的哀告求饒；
日復一日，直到生活不再明智：
拖延是時間之賊。

—愛德華．楊《哀怨，或關於生、死、永生的夜思》

心理學家和拖延之間的戰火在一九三三年夏天點燃，或者你也可以認為，當孤單的十九歲青年艾爾伯特．艾利斯（Albert Ellis）在紐約植物園裡試著對女生搭訕的那一刻，便掀起了這場戰爭。

艾利斯是二十世紀最有影響力的心理學家之一。但在一九三三年，他只不過是個籍籍無名的商業管理系學生，對於和異性交談有著強烈的恐懼。當時艾利斯和父母親住在布朗克斯區，距離植物園不遠；他習慣坐在植物園的長椅上，希望自己有勇氣上前跟任何在玫瑰花叢中漫步的女孩說話。艾利斯迫切地想要認識女生，和她們約會，甚至和其中一位結婚。

「但是不管我怎麼告訴自己，時機已成熟，可以採取行動了，」他在半世紀之後一場研討會提交的論文中寫道：「我總是很快就逃走，一邊咒罵自己的沒出息。」

心煩意亂之下，艾利斯替自己設計了一項「家庭作業」。他的計畫是：只要老天不下雨，七月的每一天都要到植物園去；只要有任何女生坐在長椅上，他就要在那張長椅坐下，給自己一分鐘來開啟一段對話。艾利斯不准自己找藉口、不准逃避，沒有推託與討價還價的空間。

「我不給自己時間去拖延嘗試開口的機會，不給自己時間思考而加深自己的擔憂。」他寫道。

艾利斯行動了。那年夏天在植物園裡，他（試著）開口和一百三十名女孩交談，其中三十位立刻起身離開，但他設法和剩下的一百位女孩說上了話。令他驚訝的是，有一位真的同意跟他約會呢——儘管她後來沒有出現。縱使如此，艾利斯把這視為成功的實驗。他已經知道，直接面對「和女性交談」這件幾乎令他腳軟的事，可以克服自己的焦慮。這個經驗改變了艾利斯的生活。「在某些方面，也改變了心理治療史。」他後來說道。

一九一三年，艾利斯在匹茲堡出生。他的父親和孩子很疏離，時常外出經商；據他描述，他的母親是「嗡嗡說個不停的話匣子，從來不懂得聆聽」。艾利斯回憶，為了填補漫不經心的父母親造成的情感疏離空缺，他負起照顧兩個年輕手足的責任；每天早晨，他自己買的鬧鐘會叫他起床，好幫弟妹盥洗著裝。艾利斯為自己塑造了英雄般的形象。

他在一九三四年從紐約市立大學畢業，獲得商業管理學士學位；試過幾次想出小說卻都失敗之後，一九四七年他從哥倫比亞大學教育學院獲得臨床心理學的博士學位。艾利斯成為心理學家生涯的起步，符合當時一般傳統標準模式。他採取正統的精神分析治療法：聆聽躺在沙發上接受精神分析的人回憶他們的夢境、幻想和自由聯想，好進入非理性的潛意識根源。但是艾利斯對自己無法為病人帶來任何效果，愈來愈挫折、洩氣。也許更重要的是，他似乎在本質上，並不適合乏味又長期的治療工作，因此他開始宣揚更積極的療法。一九七七年，他和威廉．納斯（William Knaus）合著《克服拖延症》（*Overcoming Procrastination*）一書，並於引言中寫道：「更主動去解決問題，而不是等待奇蹟出現。」艾利斯用來治療自己畏懼和女性說話的方法，成為他稱為「理性行為治療法」（Rational Emotive Behavior Therapy, REBT）的基礎，這種治療法，正是用來對付導致自我挫敗行為的非理性信仰。

一九五〇年代晚期，他把自己新創建的方法教授給其他治療師。艾利斯的時機頗為湊巧，世界很快就準備好迎來繼佛洛伊德之後的新看法。精神分析學在接下來幾十年受到外界諸多懷疑，諾貝爾獎得主動物學家彼得・梅德維爾（Peter Medawar）就替許多人說出了心聲：「二十世紀最不可思議的高智商騙局。」

一向遲鈍的艾利斯喜歡說「佛洛依德就是一堆屁話」。他過去多年來坐在沙發上談話，結果根本什麼用都沒有。艾利斯的處方是：「忘掉你糟糕透頂的過去」，採取行動。他說，神經官能症是「無病呻吟」的花俏字眼。那些想要探索童年創傷的人，其實是「長不大的寶寶」。

隨著艾利斯的影響力日漸壯大，他的追隨者熱烈地仿效他的那套自我幫助的作業。不管如何，有些人重演艾利斯在植物園的練習，積極地讓自己和不起疑心的女性說話，試圖達成心理上的完整性（或許還能找到人約會）。若把這套方法擱置一旁，艾利斯最不朽的貢獻，或許是為心理學的實踐投入了一種急迫感和行動感。就如同他十九歲時，透過「不給自己時間思考而加深自己的擔憂」的策略，克服了害羞的問題；因此他在整個職場生涯中，培養出穩健、不說廢話且充滿活力的自我形象，所開的醫囑是以行動取代談話、以實質的努力取代冥想沉思。

艾利斯採用的方法屬於「認知行為治療」（CBT）的先驅之一，也是現今採用最普遍的心理治療法。如果你在過去二十年當中，曾因為失眠、沮喪、焦慮、藥物濫用、或是無法維持穩定關係等種種因素而求助心理醫生，你很有可能透過認知行為治療法的練習而有轉變。認知行為治療法的目標，是要辨認出會產生不健康行為和自毀情緒等無建設性的思考習慣，並加以消除。我們不難理解，為何由艾利斯和其他人（例如亞倫·貝克（Aaron Beck））開創的認知行為治療法，日後會如此普遍。相較於傳統心理治療法的高額費用、晦澀的方法論和似乎漫無盡頭的談話，認知行為治療提供了一個更快速、更低廉、不需多動腦力的替代方案。舊方法要求長年的對話，談論童年、夢想以及沒有說出口的渴望，而新方法則承諾透過一套學習手冊的練習，以及幾場和治療師進行架構緊密的會談帶來一定的成果。

認知行為治療法的醫生喜歡把這稱為「以解決問題為本」，夾在此類治療法學習手冊裡的各式表單、清單、自我測試和問卷調查表當中，確實洋溢著濃厚的高效率意味。我們幾乎可以保證，這類的治療法能吸引工商業管理碩士的注意。

一切都非常有效率。

・

如果深入挖掘以「拖延」為題的文獻，你會發現一本由保羅・雷振貝（Paul Ringenbach）寫的《長年的拖延：一段可靠的歷史》（*Procrastination Through the Ages: A Definitive History*）參考書籍。不過，你也會發現要找到這本書相當困難——它根本就不存在。雷振貝這本偽造的書名，其實是出版業界之間的玩笑，一個惡作劇：沒有哪個老愛磨磨蹭蹭的作家，會鐵下心耗費巨量時間，完成一本與拖延有關的明確歷史。

儘管如此，在《克服拖延症》一書裡，像是經過了深思熟慮般，艾利斯和納斯摒除了雷振貝那本不存在的作品。他們寫道：那是個「很有趣的調查，但是就妥善處理問題而言，它的貢獻十分有限。」我們若把有瑕疵的參考書目擺在一旁，艾利斯和納斯對於在《克服拖延症》書出版之前，世人缺乏可以「妥善處理問題」書籍的評論，是正確的。但《克服拖延症》則是後繼的許多書籍當中，第一本奮起對拖延這壞習慣宣戰，並提供策略去擊敗它。儘管它的影響力仍持續著，《克服拖延症》並沒有優雅地老去。充斥全書的專門術語，簡直可以被歸入七〇年代心理學的陳腔濫調寶庫中。舉例來說，我不是很確定這些作者用上「自我貶抑（自我沉淪）」的字眼，到底想要表達什麼意思，但這詞彙確實喚起了我們某一段時期的回憶。這些作者也有一種古怪和令人氣餒的習慣，非得要把一個好好的字「拼」出來，表示它的重要性，像是：「我們最好把生命拼成『ㄇㄚˊ麻，二聲麻；ㄈㄢˊ煩，二聲煩』」，以及「改變的過程牽涉到大量的工作，好逐漸鋪陳更為持久又快樂的前景。沒錯，ㄍㄨㄥ、ㄗㄨㄛˋ！」

在《克服拖延症》一書，艾利斯提出的家庭作業，跟他為自己設計的「克服害怕和女生說話的恐懼」的作業大同小異：如果你拖延先前已經答應要做（自己不想做）的事情，就要處罰自己（例如每當你拖延該做的事情，就捐五十元美金給三K

黨），或是發展出一套不再拖延的獎勵系統，好訓練自己「自發」去做原本不斷拖延的工作事務。這些以及其他類似的策略，規律地出現在接下來數十年有關拖延行為的心理學或是經濟學的文獻當中。

《克服拖延症》和它的子嗣，以處理物流問題的態度，有系統地攻擊拖延行為。在如此井然有序的課程當中，有一個很誘人（甚至可說是無可抗拒）的部分。我們有誰不曾做過自我實現的美夢呢？我們有誰不曾發誓要設定目標、更認真、更努力地定時做仰臥起坐？多數人已經積累和摒棄了自己書架上一堆如何「自我改善」的藏書。這種迫切的衝動，跟它的孿生兄弟「必須拖延」同樣自然。但我對此的疑問，就在於這套系統本身，像是在認知行為療法裡的學習手冊、自我測驗、個人清單和目標陳述等表列出來的東西。首先，我們就來看看學習手冊：有哪個大人會想要完成一本像是小學四年級的拼音練習那種不光彩的作業呢？練習簿這種東西是給學童用的，他們在這種穿孔紙張的頂端邊緣，用鉛筆以難看的帕爾默字體（Palmer Method）草草寫上自己的姓名。學生坐在和書桌一體成形的制式椅子上，駝背低頭寫著練習簿；覆蓋式的桌面可以掀起來，暫時遮擋老師監督的目光。但是過了一定年齡之後（暫定為十二歲好了），我們就不應該再要求任何一個人去寫練習簿了。

更確切的說，「自我改善」這組過於龐雜的系統，對那些讓我們生活陷入一團混亂的事物——例如模稜兩可、沉思，以及不切實際的渴望等——毫無用處。對艾利斯來說，拖延是一種失敗，一種偏離理想規範的行徑。對一個在英雄般自我概念裡著墨甚深的人，拖延是無可忍受的。這是「極度怯弱」。由他幫忙發展出的認知行為劇本，透過挑戰由思緒製造出來的信念和模式，來攻擊不受認可的行為。恐慌的飛機乘客、嚇呆的演講者，以及頑強的拖拉一族被問道：「有什麼證據可以支持你們的想法？」有沒有可能，你們腦裡有著另一種更為健康的思路？這是大家都知道的常識。但是任何一個拖拉者或是恐慌的飛機乘客會告訴你，那些思考模式通常被埋在相當深的地方，在一個常理無法輕易進入的地方。

此刻回顧，我可以看見自己以前跟喬・法拉利（Joe Ferrari）討論我和拖延之間的纏綿悱惻時，一開始就問題叢生。就像你跟家庭醫生約好時間，要談論你打算一天裡再另外抽兩包菸的事。

法拉利是芝加哥帝博大學（DePaul University）的教授，他也或許是世界上就拖延寫出最多著作的作家和研究者。你若往這主題的任何參考文獻資料看，會不斷看見法拉利・J這個名字出現。在我決定寫拖延行為的書之後，法拉利是我首批聯絡者之一。我讀了一本他寫的指南，他提出許多方法，讓拖拉者克服自身的習性。我感覺法拉利可以告訴我，他是如何把多年的訓練全投注在拖延的研究上。他在一次的紐約行中，同意和我碰面；我說我會開著老舊的豐田可樂娜，到拉瓜地亞機場接他，載他到任何他想去的地方。當我在機場見到他的時候，他腋下夾著一本麥克斯・殷格馬瑞（Max Engammare）的《早期現代喀爾文派中的準時、守時和紀律》（*On Time, Punctuality, and Discipline in Early Modern Calvinism*），並把書送給了我。接過他的禮物時，我很好奇法拉利有沒有發現我遲到了兩分鐘。

我們計畫開車到伍德賽區的餐廳吃晚飯，這社區夾在兩座墓園和布魯克林到皇后區的快速道路之間。即使身為外來客，喬似乎比我更確定怎麼走最好，因此我遵照著他的指示：哪裡轉彎、哪裡變換車道，還要再開多遠等等。他在引導我穿梭皇后區的空檔裡，分享著他對於拖延的知識庫。

「我把他們稱為『拖佬』，」他在指引方向之間的空檔說著：「這種人通常都很聰明；這是肯定的，畢竟他們得隨時找到讓人信服的理由來拖個沒完。」

法拉利長期以來頻繁地書寫、談論和教授拖延行為，對這領域已經發展出明顯易懂的專有見解。我開始喜歡喬這個人，也很欽佩他對這主題的熱忱；但有時候我會感覺到，在我們初次見面時，他對於任何人（特別是我）的拖延，看成是對他個人的一種冒犯。

一九八〇年代，法拉利在紐約艾德菲大學（Adelphi University）念研究所的期間，開始對拖延產生興趣。有一次在課堂上討論到自毀行為時，他問教授，有沒有任何人研究過，拖延被用來作為自我設限的策略。教授指引他到圖書館找答案，結果卻讓法拉利大吃一驚。

「什麼都找不到。」喬這麼告訴我：「我所能找到的少數幾本，是談作家瓶頸之類的事情。」法拉利知道自己在這領域有寬闊空間可以揮灑，便把拖延行為和自我設限做為論文研究的範圍。他在提到人們擊敗自己的方法時解釋道：人會「自我設限」，或許是因為他們害怕失敗，也或許是他們擔心自己會完成手邊的任務。自我設限的拖拉者，可能會認為手邊的工作超過自己的能力範圍，而刻意拖延。癱瘓他們、致使他們不去做出一番作為的，不光是對任務的恐懼，而是拖延可以保護他們免於失敗。萬一他們真的失敗了，那是因為他們沒有努力嘗試，是因為他們等到最後一刻才開始，是因為他們說「管他的」。拖延造成了失敗，卻也為失敗找到了藉口。

「這是人們保護自己不受焦慮攻擊的一種方法。」法拉利告訴我：「死硬派的拖拉者，寧願讓其他人以為他們缺乏的是努力，而不是能力。」

看起來「拖佬」才是值得研究的主題。然而當法拉利開始拿他在學術會議上提出的最初幾篇論文給我看的時候，他對社會大眾並沒有將拖延行為認真視為一種研究而大感失望。他聽過其他人拿他的研究，一次又一次地開著相同的蹩腳玩笑。在一場研討會上，一位召集人告訴法拉利，他必須等到最後一刻才上場發表自己的論文，「你知道的嘛，因為時間被『拖到』了。」即使到了今天，法拉利仍然不是很樂意告訴剛認識的人（假設在一架飛越某國的客機裡，那個人正巧坐在他旁邊），他的工作是研究拖延行為。他不想聽到那些很短的爛笑話、謎語。（「你聽過一個關於拖拉者的笑話嗎？我等等告訴你……」）他說他在廣播裡聽過某個虛偽的人生導師，談論拖延和拖延引發的不滿足。喬一點也不覺得好笑。

「那既不好笑也沒有幫助。」他說：「你應該看看我收到的電子郵件。有人真的因為拖延而痛苦。拖延造成了真正的傷害。」

法拉利努力了四分之一世紀，才讓拖延主題成為受到尊敬和值得尊敬的研究領域。他看著它發展成為一個學術分支學科，而他自己成為新一波學術研究者的領頭羊，把社會科學數據加入如艾利斯醫師等人的臨床觀察當中。一九九一年，法拉利參加了拖延行為研究者在德國舉辦的第一次國際會議——此會議日後改為每兩年召開一次——初次會議共吸引十二名學術界人士出席。二〇一五年在德國舉行的會議，共有一百八十位拖延行為的研究學者參加。

該領域持續成長茁壯，不只吸納了心理學家，還包括神經科學家、基因學家和行為經濟學家等領域的關注。二〇一一年由布魯克林大學蘿拉・羅賓（Laura Rabin）主導的一項研究，採取神經心理學的方法來研究拖延行為，因而發現了拖延和集中在大腦額葉的管控功能與計劃和自我控制過程的失敗之間的關聯。

雪菲爾大學的符西雅・賽洛斯（Fuschia Sirois）則認為，拖延對人的整體健康和幸福感，是一種危險因子。一份由科羅拉多大學研究人員在二〇一四年發表的研究顯示，拖延和衝動在遺傳上有所關聯，喜歡拖拉的習性有可能一代傳一代。如同任何自重（自我尊重）的學術領域一樣，這研究引發了結怨和爭議。如果你想在一群拖延行為研究者之間，引發一場殺氣騰騰的論戰，不妨問他們：長期拖延跟我們管理時間能力的不足較為有關，還是跟無法好好管理我們自己的情緒較為有關？

法拉利支持後者的說法。「告訴一名長期的拖拉者『做就對了』，就像是告訴一個沮喪的人『嘿，好了啦，開心起來吧！』」

他說，要了解拖延，我們必須注意的不是拖拉者的環境，而是其內心。他主張，當我們這麼做之後，會看見拖延行為根植在我們沒有處理的心境和情緒中。人們會拖延，是因為他們認為自己必須在適當的心境之下，才能把事情做好。他們說服自己，自己的心境在未來會改變，因此未來才是採取行動的較好時機。我們的拖延深植在嘗試管理自己的情緒，讓它們適合我們面臨的工作任務——如果我現在睡個午覺，我待會就更能夠專心；在推特發個廢文可以幫助我熱身，讓等一會的寫作更為順暢。

法拉利在自己的研究中，一次次地探索人們用拖延來處理焦慮、或是用拖延來保護自己不受憂慮傷害等行為。但問題在於，拖拉者為了要自我防衛而做的嘗試，通常會演變成畸形的自毀。一份由法拉利和黛安．泰斯（Diane Tice）所做的研究顯示，當大學生得知某個測驗是要測出他們能力、是一項有意義的評估時，他們可能會拖著不去準備；但假如告訴他們這個測驗沒有多大意義、只是為了好玩而已，他們反而不會拖。也就是說，當測驗的結果會列入成績計算時，拖拉者就會拖；如果不會列入計算，他們就會表現得和其他人一樣。當努力是唯一關鍵時，拖拉者會採取行動來暗中破壞自己的努力；愈是危急，拖拉者愈會迫切地「很不努力地」來保護自己——這根本就是超級矛盾吧。

我從自己的生活中認出了自己合理化的行為，因此這習性深植於心境、焦慮或是沮喪的說法也就說得通了。我在筆記本上草草寫下羅伯特‧漢克斯（Robert Hanks）某篇散文中令我印象深刻的一句話：「我讓事情延宕，是因為我多數時刻是畏懼和哀傷的。」

法拉利的論文，引領我到另一位心理學教授提摩西‧皮雪耳（Timothy Pychyl）的作品。他認為與其讓心境引導行為，拖拉者如果能記住行為可以形塑心境，就能表現得更好。實際去執行自己一直想方設法拖延的事情，會讓我們感覺舒服一些。事實上，那大約也是唯一可以讓我們感覺舒服許多的事情。問題在於，那可能也是我們最無法想像自己會去做的事情；我對這種體認可說是深刻入骨。

下面就是我會經歷的典型過程：坐在書桌前方準備動筆寫作的時候，我會覺得此刻自己真正需要的是一壺熱咖啡。為了泡咖啡，我就得走到廚房去。進入廚房之後，我會忍不住注意到流理台上方那顆燒壞的燈泡。為了換燈泡，我就得走出家門，到街上轉角那家商店買新燈泡。不過，自己哪可能專程走到轉角只為了買新燈泡呢？我得趕緊寫東西呢。但，那家商店隔壁是一家超級好吃的貝果店；等咖啡煮好了，就很難說服自己不需要貝果來配咖啡；而且轉角小店和貝果店的這街區還有一家書店，我可以花點時間在那裡瀏覽一些文選，搞不好還能得到一些靈感……

即使在領著自己走進這條心理死胡同的當下，我很清楚自己正在對自己施展自欺欺人的伎倆。那些事都沒什麼要緊，工作才是我的正軌。但有時候，工作也是一件會讓我用其他事來逃避它的事。

關於自毀行為最有影響力的研究論文之一顯示，它跟拖延完全沒有關係。一九七八年一篇〈透過「酒精和學習成效不良的吸引力」的自我設限策略來控制自我屬性〉的論文中，愛德華·瓊斯（Edward Jones）和史蒂芬·柏格拉斯（Steven Berglas）主張，有些人濫用酒精的行為，可以被理解為，是想利用酗酒來為自己的失敗找理由，進而保全面子。「藉由發現或是創造能導致自己表現不佳的障礙，策劃的人便可以安穩地保護他（或她）對於自我才能的認知。」他們在論文裡如此寫道。

柏格拉斯說，他從個人的經驗領悟到這種衝動。他在中學報考SAT學術能力測驗之前，第一次吸食迷幻劑；當時的他背負著要在這測驗中得到滿分的期望。服用藥物成為自己的一個藉口、一種降低過高期望的方法，而又不需要面對自己是否真的才智過人的尷尬處境。他在考前的刻意晦茫，為這理論撒下了種籽。

拖拉者也使用同樣的策略：透過把事情搞到讓自己難以完成，保護了對自己能力的認知感。這只是拖延行為背後扭曲邏輯中的一個例子。想到我們可以上窮碧落下黃泉地找出各種理由藉口，拖著正事不做的能耐，怕也忍不住要為自己感到讚嘆。

也許我這麼做，是因為我是個害怕達不到對自己高期許的完美主義者。

也或許，我就是個拖延的「理由伯」，才能在勢必失敗的結果發生時，給自己一個解釋。

也或許，我有件眾所周知的任務得執行，而我之所以拖延，是因為擔心他人的評價。

也或許，我憎惡自己必須回應老闆、配偶、信用卡公司或是其他什麼權威團體，期望我在特定日期完成某件事的要求。

也或許，拖到最後一刻所引發的腎上腺素狂飆的刺激吸引了我。

也或許，我對於被交付的工作規模和數量給嚇得不知所措。

也或許，我只是發現做自己應該做的事情，根本就是一種折磨。

讓事情更加複雜的是，在完成專業上的義務時，我可能是全世界最自律的人，但說到家務雜事工作，就是十足的遲緩生物，進度長期落後。我一貫的主張之一，或者說，我的自我辯解的理性說法之一是：拖延就像是一種必要的儀式，一條通往完成之路的途徑。和任何儀式一樣，它吸引我們在小地方、在讓人感覺混亂和無法管理的大千世界中，找到一種掌控。

事實上，我注意到自己遇過的各種解釋，在我來說都有點道理。心理學家皮爾斯．史提爾（Piers Steel）觀察到，造成延遲的關鍵，是強調我們對於「現在」的偏愛，而不是我們無法管理情緒。「很大一部分是因為我們把『現在』看成是具體的期間，而『未來』則是我們可以有所推遲的抽象概念。」我在他書中的這行話下方劃了線。這對我來說，也有某種程度的道理。幾乎所有的理論都有一定的道理。即便是那些直接跟其他也有道理的理論相牴觸的說法，對我來說還是能讓人信服的。我之所以讀這些文獻資料，就是要在各種診斷中辨識出自己。然而，我照樣拖著該做的事情不做。

不久前的一天早晨，我半睡半醒地伸手找筆電。在線上等待我的，是某個玩笑的演算法：有個連結連到一篇文章，詳細說明高生產效率的人的八大習慣。我闔上筆電，轉過頭噗通倒回枕頭上。我始終沒有認真讀那篇文章，但我敢打賭，翻過身睡回籠覺絕不會列入那頗受推薦的好習慣當中。

我不需要按下看見的每個聳動標題，也知道商業管理的語言如今已完全主宰了自我改進的定義。依據機場書報攤以及紅遍網路的影片所鼓吹的完美境界，需要更有生產力、更準時的我。這境界把任何朝「個人」和「獨特」靠攏的變化給汙名化了。

我記得自己試著對法拉利解釋，為什麼這些帶著管理命令意味的自我改進書籍的蓬勃發展，會讓我抱持懷疑態度的原因。難道任何嚮往獨立思考的人，不覺得有義務要抗拒不斷要我們更快、更好以及更像工蜂勤奮等的規勸告誡嗎？

「沒錯，我們把這些稱為『反應物』。」法拉利這麼說：「就是當你說：『如果你告訴我去做這件事，呃，我就偏要做相反的事一樣。』」

「但是有些我們這輩子做過最有趣的事，正是那些我們不應該做的事。」我辯駁說道。法拉利看起來有些驚慌，但我還是繼續說下去。「我的意思是要做自己的決定。您不覺得拖延、婉拒或是耽擱，也是一種主動的選擇，一種建構自己的方式？」

可惜，他不這麼認為。

「聽著，拖延會付出真正的代價。」法拉利說：「肯定會有經濟上的代價，但個人的代價也很龐大。還有人際關係，以及自我的價值。你有讓這世界改變了什麼嗎？」

我沒準備把自己的論點，賭在自己對宇宙利益做的薄弱貢獻上，因此沉默了。但後來，我想到每個拖拉者都知道的事：有時候，你做得最好的事，便是為了拖延某件事不做，而去做的另一件事。

我不確定社會科學的研究人員要如何量化這類的矛盾。我想要了解身為一個「個別」的自己，而不是照科學或是社會科學的定義，把我做為一般類型的例子。我個人的拖拉行為，對我來說既隱約又難以捉摸，主觀、神祕且不可知。但話說回來，我當然會這麼想。我是個拖拉者，意思就是我知道如何讓自己的習性合理化。

瓊斯和柏格拉斯在寫下我們所有人「需要某種模糊的空間，來安放自給自足和自我渲染的幻想」的字句時，似乎正是想要解釋這一點。

佛洛伊德認出病人想要魚與熊掌兼得：向醫師尋求幫助的同時，也盡力確保醫師幫不上他們。拖延向來就是精神分析對象最喜愛的策略，希望用以阻撓他們自己的分析結果。知道自己擁有醫師五十分鐘的時間，卻花了絕大部分的時間說著無關緊要的瑣事。就算真有那麼一點打算，也是到了最後一分鐘才提出自己真心想討論的議題。當我們考量到接受精神分析對象所在位置的脆弱度（或許「躺下來」在某種思維上像是在手術中吧），他們使用的各種拖延戰術的心理也就可以諒解了。等等，我還沒有準備好面對這部分。

但是分析的人也同樣可以拖延。法國心理分析大師雅各・拉岡（Jacques Lacan）有一次想要控制療程的速度，便採用了他臭名遠播的「彈性會談」（short sessions）：這心理分析大師唐突地打斷毫無疑心的病人的談話，並立即打發該名病人離開。拉岡所謂的「彈性會談」，時間上到底有多彈性？一切取決於拉岡自己。曾接受精神分析的史都華・史奈德曼在自己的著作《拉岡：智力英雄之死》（*Jacques Lacan: The Death of an Intellectual Hero*）中，回憶拉岡有一次結束諮商療程的行徑：他突然就從椅子上站起來，宣布兩人今天的諮商時間結束了。史奈德曼那時才剛剛開始開口說話呢。

至少對拉岡來說，這次拉岡式會談的結束是有意義的。他想要他心理分析的對象產生狐疑：我是說了什麼，使得醫生這麼快就中斷了諮商？一直到下次諮商時間之前，這問題都會掛在他的心上，逐漸成熟，做為下一次會面的討論項目。

當然其他問題也會浮出表面，像是「如果我只諮商五分鐘，我還需要付一小時的諮商費嗎？」這裡要說明的是，拉岡似乎也不那麼在意錢。史內德曼回憶，諮商時間內的拉岡坐在書桌前，逕自數著鈔票。

我很擔憂自己逐漸成為拖拉者，同時也納悶拉岡是否已經找出了前次諮商中拖延行為被低估的力量。相較於其他精神分析同儕們，允許那些憂慮且還沒做好心理準備的分析對象浪費自己的時間，拉岡卻反其道地將拖延作為某種治療策略。透過突然結束諮商，讓諮商過程延遲的方法，他把「整個諮商」弄得更具有威力。

這成了我開始體認到一項事實的進一步證據：不管我們如何大力譴責他人的拖延，我們自己永遠都可以找到好理由拖著正事不做。

3.

聖徒、烏鴉、詩人和神父

該幹活了。哎，為時已晚。

—愛倫坡 《悖理的惡魔》

故事是這麼開始的。在四世紀的亞美尼亞，一位羅馬百夫長在某條路上遇見一隻會說話的烏鴉。這名軍官決意要改變信仰成為基督徒，但眼下這能說善道的烏鴉力勸他切莫衝動行事。烏鴉為百夫長想出了一個辦法：先暫且擱置轉變信仰的念頭，不要急在這一刻。或許花個一天好好考慮。

然而，這名百夫長可沒打算拖延。他堅持要立馬以信徒的身分，開啟新的生活。當百夫長發現這烏鴉事實上是惡魔所扮演來要誘惑自己的，這位被後人崇敬為拖拉者的「守護聖徒聖迦速」（St. Expedite）的百夫長，做了一件令人大感驚訝的事——他一腳踩死了這隻會說話的禽鳥。

我在研究這題目的初期就認識了聖迦速。我自小在天主教家庭長大、唸的是天主教學校，讀過了無數聖徒的生平事蹟，但我從來不知道拖拉者們竟然也有屬於自己族類的守護聖徒。不過，這其實也有點道理。每個被罪惡感折磨的拖拉者，都對拖延代價的擔憂十分熟悉。如果自己拖得太久，會不會趕不上最後期限？如果自己太晚才開始準備，考試會不會就被當掉？在聖迦速的故事裡，賭注提高了，拖延的代價也膨脹了。對聖迦速來說，拖延意味著他的靈魂正在冒險。聖迦速和烏鴉的故事，把拖延昇華成攸關靈性生死的事。

我愈想著這聖徒和那隻說話的烏鴉，愈珍惜他為我這平凡習性帶來的神祕莊嚴感。聖迦速讓我覺得自己崇高起來。在他象徵短暫和永生、貪婪的軀殼和處在險境的靈魂之間的基本衝突情境中，有所延遲是可以被理解的。這似乎就是總為自己辯護的拖拉者們所企盼的一絲光明。

我很快就發現，這位「拒絕拖延的聖徒」，是勢力橫跨好幾個大陸的虔誠教派的景仰對象。印度洋上一個叫做留尼旺（Réunion Island）的蕞爾小島上，信徒在路旁建立許多祭壇來紀念聖迦速。祭壇一律漆成鮮紅色，擺上聖徒的小雕像。這些雕像屬於仲裁的祈禱、協商複雜禮儀的一部分。事情是這麼運作的：你在路邊蓋祭壇、擺雕像，作為對聖徒的敬意，之後再請求聖徒幫助你得到你想要的事物。儘管當地人對聖迦速崇敬有加，但如果他們的祈禱沒有獲得回應，按照當地的傳統，就會砍掉雕像的頭部。這就解釋了為何在留尼旺島上，隨處可見無頭的聖迦速雕像。

在巴西的聖保羅市（São Paulo），這套制度則有些微的不同。敬拜的人在聖迦速節擠進禮拜室，在教堂祭壇裡留下潦草的祈禱文，祈求聖徒的幫助。（人們在四月十九日慶祝聖迦速節，就在美國人最常拖延報稅的關鍵日期之後幾天。）

在美國，最崇敬聖迦速的地方在路易士安納州，他的信徒們融合了天主教文化和巫毒文化的影響，其中又屬紐奧良的發展最為蓬勃。這當中的諷刺意味實在濃郁到不需要大作文章了：不知怎地，我們必須跑到美國狂歡作樂之都，才能明白守時是種信念的根本。

置身紐奧良，隨處可見事先印製好的祈願卡，要獻給以前的百夫長：

聖迦速，
尊貴的羅馬青年、殉道者，
您迅疾地讓事情發生，
您從不延遲，我來您跟前求助……

或是

聖迦速，殉道、行善信念的見證者，您讓明日來到眼前。
您實踐最後一刻的迅疾，總是讓自己置身在未來的情況。
迅速無礙地，把氣力送到那些不回顧、不拖延的人的心中。

聖迦速最令人讚嘆的事，大概要屬他激發出的這些虔誠祈禱，原本可能不會存在。天主教高層承認，聖迦速其實是神話和傳說的集合體，真實性十分薄弱。儘管如此，早期的教會利用聖迦速作為四世紀時市場宣傳戰略的焦點，來廣為宣傳教會反對拖延行為的信條。他的形象理應說服異教徒，切勿延遲救贖靈魂的急迫，要在為時已晚之前，立即改變信仰。

現今，最負盛名的聖迦速雕像之一，座落在紐奧良法國區髒汙邊緣的一間小教堂裡。那裡的街道總是散發著濃厚的啤酒味。這間一八二六年建造的瓜達露佩聖母教堂（Our Lady of Guadalupe Church）是該市最老的建築，用來舉行喪禮用途的小禮拜堂。聖迦速的雕像占據教堂後方一個小壁龕。當我飛到紐奧良參觀這座雕像的時候，我發現雕像底座上大約有十多張寫著代禱辭的紙片，這些全是前來教堂尋求緊急協助、或是幫助他們戒酒、避開一些法律困境，以及（想當然爾的）克服他們拖延毛病的訪客們所留下來的。

有人告訴我，習俗上信徒要在雕像旁留下一塊磅蛋糕，作為奉獻給聖徒的供品。但是那一天，我在潦草寫就的代禱詞紙堆當中，一片磅蛋糕都沒看到。在這陰森老舊的教堂裡，四周閃爍著燭光，我不僅開始狐疑那些蛋糕該不會已被聖徒接受、並以某種神奇的力量吃掉了吧。

後來才知道事情原委並沒那麼超自然。安東尼・雷葛利神父（Father Anthony Rigoli）是教堂的牧師，也被人尊稱為東尼神父，他的工作就包括了移除雕像底座上的磅蛋糕和其他的供品。在那些不知哪兒冒出來的請願人離開後打掃教堂，完全不足以涵蓋東尼神父在這裡的工作內容，但是我猜，總要有人去做必須做的事情吧。東尼神父屬於無玷聖母傳教獻主會（Missionary Oblates of Mary Immaculate）的成員，這由神父組成的團體致力於向窮人傳教。身為瓜達露佩聖母教堂的牧師，東尼神父承繼了這位於北美洲最負盛名的聖迦速殿堂內所有的責任。

我安排了在懺悔星期二[1]（Mardi Gras）之前一週的一天下午和神父會面。那天中午過後，我從下榻的旅館前往教堂的一小段路上，不時看見醉醺醺的遊客蹣跚地走在人行道上，這可說是一種紐奧良開放群眾觀看的運動了。一年一度的大齋期前的狂歡高潮已經開始，這城市的毫無節制似乎更加彰顯。

在這濕熱的恣意狂歡中，堡壘街上的樸素教堂倒不失為一處涼爽的避難所。我在緊鄰教堂的紀念品小店和東尼神父碰面。遊客可以在這裡面瀏覽祈禱書、聖徒紀念章以及祈禱卡片（有點像邦諾書店裡那種為虔誠信徒準備的祈禱卡）。我在等待

1 懺悔星期二（Mardi Gras，直譯為油膩的星期二，又稱懺悔節），是聖灰星期三的前一天。在許多地方人們透過狂歡、化妝舞會、化妝遊行，並以豐富多油脂的食物來慶祝這個節日。（維基百科）

神父時，隨手拿了一張白蠟製聖迦速紀念牌，以及一張獻給聖徒的虔誠卡，上面已寫好了祈禱辭。

「……透過聖迦速的求情，我們或許可以倚靠勇氣、忠實和果斷，再藉由我們主耶穌基督的指引，在恰當和有利的時間內，來到圓滿快樂的結局。阿們。」

東尼神父十四年前來到瓜達露佩聖母教堂的時候，並沒有聽過聖迦速的名號。但在這教會落腳後，他很快就習慣了觀光巴士駛過堡壘街上的情景，巴士上的人說著他們版本的聖迦速故事：十九世紀某一天，一個包裹送到了這間紐奧良教會，裡面是一尊無名聖徒的雕像。根據包裹上郵局的標示「速件」，這神祕的聖徒很快就獲得了「聖迦速」這個封號。只不過這則故事對於牧師理解來龍去脈的作用不大。

東尼神父發現我在紀念品店閒晃之後，上前自我介紹。他打扮整齊、滿頭白髮卻又神采奕奕，在羅馬領之外，還套了一件「紐奧良聖徒隊」T恤。為聖徒隊歡呼打氣，已經是東尼神父認可當地文化的表現方式之一，對這位自小就是水牛城比爾足球隊迷的神父來說，這可不容易做到。在紐奧良獨特的文化和信仰氣氛之下，這讓轉變信仰和異教融合得以維持一定程度的彈性。紐奧良城裡一些聖迦速最忠誠的追隨者甚至不是天主教徒，而是巫毒教的術士。他們有時會來到瓜達露佩聖母教堂的紀念品商店，找尋儀式所需要的黑蠟燭。

我問東尼神父，是否相信「把蛋糕留給聖迦速」的策略，真能幫助自己得到想要的東西。他朝天空轉了轉眼珠子。

「人們把這些忠誠敬拜弄混了，因為這些是可以跟迷信沾上邊的。」他也試著想要釐清當中的差異。「我不認為聖徒會回應這些祈禱，但我真心認為耶穌會。當我們請求某人為我們祈禱時，我們真正請求的是支持。我們都想要感覺到那份支持。這些敬拜真正說來，是為我們自己而做的。這也沒關係。不過，我想上帝還有更重大的事情要擔心。」

我自小成長的天主教世界沒有為拖延留太多轉圜空間。我就學的天主學校可以接受聰穎，卻更推崇守時。沒有任何事情要比準時更為重要。偶爾，你會遇見某個對於守時幾近偏執的修女，會堅持要求所有的學生，在上課時間前五分鐘就安坐在教室內的座椅上。這種過度要求準時的行為，反而讓守時變成一種「拖延」。我們把這稱為「修女時間」。

在那段時光中，時鐘是我們的敵人。它似乎擺明了就是要讓我們洩氣。教室時鐘幾乎總是特意地被擺在俯瞰著我們的十字架下方的位置。在那些最枯燥的課堂中，當我們迫切渴望自由的時間到來時，分針看來總是一動也不動。而當我們需要多一點的時間，像是寫完考卷或是完成一篇課堂上的文章時，時鐘總是背叛我們，加大了前進的步伐。我知道大家不需要成為一個天主教學童，也能體會被時鐘背叛的感覺，任何學校的上課時間似乎都是同樣冗長，毫無止盡。但是我想，我們忍受這些無止盡的叨叨長談的結果，只會讓我們更加擔心三點的下課鐘聲永遠不會響。

東尼神父告訴我，在我此次來訪不久前，他佈道時講述了〈馬可福音〉當中的一篇：故事是關於耶穌在加利利海（Sea of Galilee）一帶遇見了西門和安德列這對漁夫兄弟檔。耶穌要他們放下手邊的生計，加入他巡迴佈道的行列。兩兄弟沒有半點猶豫。「他們立刻放下手中的魚網，跟隨祂。」福音書如此寫著。

「上面說立刻。」神父繼續說道：「他們那一刻放下手邊正在進行的工作，跟從了耶穌。想想看他們被要求做的事情。他們得要放棄他們的生活，放棄自己熟悉的一切事物。然而，他們沒有半秒鐘的遲疑。」

我們很少有人能夠符合如此迅疾如風的典範。東尼神父向我承認，當他自己還在中學教學生的時候，他會拖延批改學生報告的時間。我告訴他，反正很多學生可能也是最後一刻才動筆趕作業，像他這樣的壞習慣其實也算理由充足。

也就是在這一刻，我決定卸下心裡一個祕密，向東尼神父告解。因此我自首了：我告訴東尼神父，我其實也延宕了這次兩人的會面。這令人慚愧的真相是，我先前已來到紐奧良進行了一趟毫無收穫的報導之旅，之所以毫無斬獲，全是因為個人慣性的拖延。

事情經過是這樣的：我第一次聽到瓜達露佩聖母教堂裡有聖迦速雕像的消息之

後，就跟我中學死黨麥克結伴，從布魯克林南下來到紐奧良。麥克也是一位作家，和我不同的是，他可不是拖拉者。麥克啟發了我來紐奧良一趟的念頭。某晚我們一起吃晚餐的時候，他告訴我他打算寫一本新書，需要飛到以色列做些田野調查。我對麥克這本書的點子大加讚賞，鼓勵他去以色列，但心裡同時想著八成什麼事都不會發生。幾天之後，麥克從以色列發了電子郵件給我。

我大吃一驚。他倒不如直接從月球寄電子郵件給我好了。我怎麼也無法想像，他會在短時間之內就決定飛過半個世界，去實現一個還是出自我嘴巴的想法。

我一向就羨慕像麥克這樣的旅人，羨慕他們可以隨時動身到世界各處的輕鬆自在。我羨慕他們寄來的郵件中，不經意地提起：「我現在人在阿姆斯特丹。」我羨慕他們請求取消一場午餐之約的能耐，只要說一句：「抱歉，我那天人會在曼谷。」正因為我是個拖拉者，旅行對我來說就不是件容易的事，它屬於我最常拖延到未來某個日期再做的事情之一，而那個日期也幾乎常是永遠安分地待在未來。只有在像我之類的旅行拖拉者，可以收集些什麼正式標籤或戳記或是像早期貼在行李箱上的貼紙之類的東西，才能稱得上符合公平原則；因為在我們這種案例中，這代表了每一個我們從沒去過的地方。我沒去過巴黎、羅馬或是東京。去年秋天，我也沒去成位在紐澤西州的普林斯頓。

麥可說服了我，為了這本書，必須到紐奧良一趟。他知道我很有可能又把這趟旅行往後拖，堅持要跟我一起來。因此幾個星期之後，我和麥克發現自己置身在紐奧良的瓜達露佩聖母教堂裡，注視著聖迦速雕像。我原先的計畫是，和任何一個為聖迦速留下磅蛋糕的人（如牧師和教區居民）等當地人聊聊，來作為自己踏入「拖延行為歷史」旅程的一部分。

但是來到紐奧良之後，我發現自己並不是很想跟人聊天。我有一些看起來更好的事情要做，這些事情多數和吃吃喝喝有關。整個城市到處都是薩茲拉克雞尾酒和窮小子三明治，如果對這些毫無反應，我覺得自己就太沒禮貌了。就這樣過了一天半，儘管麥克滿臉不解，我們還是在沒有和任何人談到聖迦速的情況下，離開了紐奧良。

這就是為什麼我必須再度獨自回到紐奧良，但這一次，我約了東尼神父，預防我可能的延遲。（不喜歡跟資料來源談話的新聞記者，往往能為在找尋題材的小說家或是編劇，提供深度和未開發的滑稽喜劇和傷感總匯。）

東尼神父能夠理解。再怎麼頂尖的人，有時候也會耽溺在這種令人費解的拖延和遲疑之中。就算我們認為自己知道該做什麼事，我們內心總是會有某個東西阻擋我們。舉例來說，看看早期的教會：聖奧古斯丁對於竊盜、享樂主義和雜交的狂熱，簡直無法控制自己。「我愛我的錯」，奧古斯丁如此形容他狂亂荒唐的青年時期。

他母親希望他能迎娶受人敬重的女性為妻，但他卻和一名女子糾纏了十五年之久，對方還為他生了個兒子。母親持續祈求，希望兒子改變信仰；當她過世之後，奧古斯丁被自己荒唐恣意的生活，以及（儘管母親不斷地祈禱）自己長久以來不肯皈依的罪惡感折磨著。奧古斯丁自白的主要基調，在於他對自己浪蕩虛擲的生活，以及遲遲沒有接受基督信仰的自我痛斥。「噢，主，我愛您愛得太遲」，他如此寫道，這樣的語句在接下來幾世紀的基督讚美詩和祈禱文中不斷迴響著。

對每一個老是使用「拖」字訣而不去做重要事情的人來說，奧古斯丁的痛苦是可以感同身受的；他看著重要的時刻溜過而沒把握，更遑論每個機會的流逝了。

奧古斯丁留給了我們「原罪」的想法，一個讓任何拖拉者都感激涕零的神學；它的前提是一個幾近不容反駁的主張：所有人的心裡，都有個地方不太對勁。順道再提，奧古斯丁花了十五年，撰寫一系列關於《創世紀》（*Book of Genesis*）的研究，跟達爾文花在研究藤壺的時間約莫等長。就跟達爾文一樣，儘管身邊的朋友們告訴奧古斯丁趕緊完成並出版這份研究，好讓人生繼續往下走，他仍是持續抗拒了很長一段時間。

奧古斯丁真正的孿生兄弟不是達爾文，而是傳奇的聖迦速。奧古斯丁和聖迦速可說是一對神聖的古怪雙傑，一個在西方知識史上留下不可磨滅的影響，另一個則很可能根本不曾存在過。他們（就聖迦速的情況，該說「應是」）活在同一個世紀裡，在洗心革面之前，兩人都過著很不基督徒的生活。但很明顯的，在轉變之前，同樣經歷了一段漫長痛苦的拖延。後來對自己行為深感罪惡的奧古斯丁，寫下的文句充滿了強烈的痛楚和悔恨，而他才是那個對我們產生廣大影響、讓我們去研究他想法的人。這些著作，要到他死後將近兩千年才被人閱讀。

另一個怪傑聖迦速在面對生活中的誘惑時，則是一派果決、堅定和英勇地重踩而過，一如小說人物那般。聖迦速的畫像總是被描繪成一身軍裝、舉著十字架，一隻腳踏在敵人烏鴉身上。潰敗的烏鴉嘴裡咬著寫著拉丁文CRAS（明日）的卷軸，這拉丁文也是英文單字「拖延」（procrastination）的字根，該字的發音更是超級接近烏鴉嘹亮的叫聲。而聖迦速高舉的十字架上，則有著拉丁文HODIE（今天）的字樣，再沒有比這更能彰顯「即刻凌駕準確、行動勝過拖延」優勢的畫面了。那隻烏鴉根本毫無勝算。

聖迦速的烏鴉可說是其他文學和傳說中出現的烏兒的表親。例如北歐神話和美國印第安人神話裡的渡鴉騙子，或是詩人泰德·休斯（Ted Hughes）詩集裡的烏鴉。

休斯的詩作中，直接表達延遲和拖延的，不是烏鴉，而是〈鶇〉（*Thrushes*）。這款命為詩名的鳥，在詩中被形容成自動殺戮機器。牠們不像人類那麼優柔寡斷和拖拖拉拉，而是單細胞、依據本能行事，既無情又殘忍。

休斯的鳥要比詩人更有效率，代表了更為完整的生物。（在《舊約聖經》裡，「完整」是很要緊的事。管理戰爭律法的〈申命記〉規定，沒有先採收完自家葡萄園或是蓋好自己房屋的戰士，不適合為人民打仗。）休斯描寫的鳥既不浪漫，也不會吟唱優美的歌曲來迎接破曉，而是具有更具體的鳥類生物特徵：心智簡單、沒有煩惱，也因此更可怕。和寫下詩句「希望，是帶有羽毛之物」的艾蜜莉·狄金生（Emily Dickinson）相反，休斯這帶有羽毛的東西，代表的是死亡。

死亡是拖不了也耽擱不來的義務。愛倫坡（Edgar Allan Poe）的〈渡鴉〉（*The Raven*）說的，則是另一隻也會開口說話的鴉屬成員。這隻渡鴉跟聖迦速的烏鴉一樣，被描繪成誘惑者、魔鬼和邪物；最中肯的敘述是，不論你怎麼要求牠離開，牠都無動於衷。跟聖迦速傳說結局不同，在愛倫坡的詩裡，這隻死纏爛打的死神使者，贏得了這場戰役。即便詩中主人翁已然屈服，牠仍是「棲息在我門檻上方的帕拉斯胸像之上」。

愛倫坡本身是個死硬派的拖拉者。他在給詩人詹姆士・羅素・羅威爾（James Russell Lowell）的信中寫道：「我實在是過度懶散和驚人地偶爾振作。」這種大好大壞的工作習慣和拖拉者沒啥兩樣，卻幫助他在短篇故事集《悖理的惡魔》（*The Imp of the Perverse*）中，建立了拖延者心態在文學上最完美的詮釋之一。

> 我們眼前有亟待完成的任務。也知道一拖成災。我們這輩子最重大的危機聲嘶力竭地要我們馬上投注精力採取行動。我們充滿熱血，渴望開工，也期待著靈魂燃燒後將帶來的光榮結果。它一定（也必會）得在今天實踐，但我們卻拖到明天，為什麼？除了用一些狗屁不通的話語來表達我們的墮落感受，沒有答案。明天來臨的同時，也帶來責任未了的急迫焦慮；但隨著這焦慮不斷升高，一股莫名、難解、卻肯定令人擔心的拖延渴望也出現了。時光愈是一分一秒飛逝，這份渴望的力量也愈

加強大。採取行動的最後一個小時就在眼前，我們因為內在矛盾的暴力衝突、明顯的不確定感，以及陰影底下的本質而顫抖。然而，如果這場競賽已走了這麼遠，迎來勝利的卻是這道暗影，那麼我們的掙扎只是徒勞。時鐘滴答，為我們的幸福敲起喪鐘。在此同時，這也是公雞對長久以來懾服我們的鬼魂的提醒。它飛離，它消失，我們獲得自由。古老的氣力回返。該幹活了。哎，為時已晚。

愛倫坡的〈為時已晚〉（*too late*）呼應奧古斯丁的「太遲」（too late）。如同這聖徒，愛倫坡精神上傾向悔恨。愛倫坡晚年痛失年輕妻子薇吉妮雅，因而飽受悲傷折磨，他在布隆克斯的住家附近，有一處天主教耶穌會會士群居的社區。他會在夜晚拜訪他們，有時借用他們的圖書室，但更多時候是和他們一起共進晚膳，或是和他們一起打橋牌。抑鬱的詩人在教士們身上找到了安慰，感激地形容他們是「有著高度涵養的紳士和學者，他們抽菸、飲酒、打橋牌，從來沒說過任何跟宗教相關的字眼。」

教士們照看著愛倫坡。當哀傷或酒精或是這兩者的綜合體擊潰了詩人之後，總會有一位教士送他走回住處。有些人好奇，這些教士們為何從來不曾試著帶愛倫坡走入他們的信仰，不曾帶他參觀聖禮。沒錯，他們憐憫地傾聽，他們在愛倫坡搖晃地走回家的路上提供穩建的手，但從來沒有說出和宗教有關的話。一八四九年，愛倫坡倒臥在巴爾的摩街頭，在外人難以查明的情況下過世。根據其中一個故事版本，他最後的遺言是「上帝，救贖我可憐的靈魂。」

・

聖迦速、奧古斯丁和愛倫坡為拖延提供了另類的解讀。拖延不只是牽涉到情緒、不理性的決定或是軟弱的時間管理，也可能成為決定生死的大問題。所有人都知道時鐘滴答作響，知道時間正在流失。但是內心深處，我們也希望透過什麼魔術，讓時鐘能為我們破例一次。我還小的時候，沒有什麼比「永恆」更叫我恐懼。我以前會在夜裡從床上坐起來，試著弄明白這概念。時間怎麼可能永遠不停地走呢？從一個以自我為中心的少年的角度來看，自己會發生什麼事呢？對一個孩子（以及一些成人）來說，沒有什麼要比「一個沒有自己的世界」的想法更令人費解。這是不可能的事情。

永生兩個字也嚇著了我。先別管那些地獄和酷刑，真正讓我嚇到閃尿的，是靈魂得在永無止盡的時間裡飄盪。永無止盡的時間耶，這原本應該是一份等待著每個人的大禮，但光想到這件事，就足以讓我嚇出一身冷汗。

·

我從來不曾向聖迦速祈禱過，但我認同他的崇拜者的樂觀主義和相信好事終將到來的信念。拖拉者也許感到抑鬱、妄想，以及有自毀的傾向，但我們也是樂觀主義者；我們相信永遠都會有比「現在」更好的時刻，來完成我們需要完成的事情。人們常忽略了拖拉者也存在著樂觀主義的特質。對我們來說，明天總充滿著希望。

延遲也能夠令人雀躍。或許，這是一種過失帶來的興奮感，因為自己沒做該做的事而引發的晦茫感覺。根據敘事推定原則，一定有個什麼原因，總讓超級英雄們在最後一刻才抵達，進而拯救這一天。超級英雄終結了宗教轉化的世俗版本，他們讓自己從瘦弱的平凡人物變身為更加強健的人，同時又得以維持同一個身分，這全都是為了製造某種救贖。

奧古斯丁喜歡把凡人的生命描繪成一種「停頓」，他稱之為「我在這延遲當中受苦」。他把這視為信徒等待永生的過程中一種惱人的推遲。奧古斯丁已迫不及待地想要有所進展，這就是樂觀主義的展現。

我的樂觀主義幾乎總是在自己醒來的當下達到頂峰。我一向喜歡早晨，比較不會自我憐憫，也比較不會像一天中其他時刻那樣惹人厭。一大早，似乎什麼事都有可能。我腦袋裡充滿各種點子！潛力爆發！我對他人充滿關愛！沒有什麼阻擋得了我。等到下午四點鐘，我已經對自己和人性一整個放棄了。這就是為什麼傍晚是拖延、耽擱的高峰。這就是我絕望地放棄了這一天，而把所有心力投注在明天的一刻。我已經建構出捨棄目前、為明天早晨而活的信念。

「相信明天」屬於信念的一種。對我來說，只要可以延到明天才做，所有的事情都將是嶄新的面貌，希望得以復活。對拖拉者而言，希望總是勝過體驗。我假定，這是信念相當令人信服的定義。

終於要在瓜達露佩聖母教堂見到東尼神父的那天，我發現自己還有點時間餘裕，便決定進入教堂裡看看。那時大約是下午四點鐘，幾個街區之外的波旁街上傳來了熱鬧歡愉的喧囂。走到教堂的路上，我經過了一間俱樂部大門，一位穿著熱褲的女人站在那兒，身旁的同伴是個穿著汗衫、露出如樹幹般粗壯的臂膀和大肚腩的男人。她朝我喊著：「親愛的，過來一起玩啊。」某件事（或許是那個穿汗衫的傢伙在場的緣故），讓我假裝沒聽見她說的話。

進到瓜達露佩聖母教堂之後，一切沉寂下來。一位老太太在靠近祭壇的地方，數著唸珠祈禱。教堂後方坐了一些人，看起來好像無處可去，乾脆靠在長椅上消磨時光。教堂的鐘聲在熱氣中滴答滴答。沒有人把心思放在聖迦速上。

在早期基督教堂年代，全世界幾乎都認為末日和最後審判迫在眼前，早晚都會來臨。這樣的預期使得一些人變得有些瘋狂。大概每隔幾十年，就會有一種瘋狂的驚恐橫掃大批信徒。在一切都來不及之前，需要懺悔的確定性使得這些人放棄所有的一切，集結成彌賽亞（救世基督）群眾，徒步橫過歐洲到聖地朝聖，發動了暴力的十字軍東征。

這樣的焦慮不僅存在於信徒身上。誰不擔心自己因為錯過或等太久而被留在後頭呢？跟急迫感共存，就需要相信某些東西，即使那東西比起你無足輕重的自我大不了多少也沒關係。我們想問的最宗教性的問題，不是「我為什麼在這裡？」而是「我還有多少時間？」

我想起第二次參觀瓜達露佩聖母教堂時，東尼神父說了一個故事。天主教神父都喜歡準備像是《讀者文摘》（*Reader's Digest*）裡一類的幽默趣聞，在週日佈道時派上用場，好讓教徒會眾可以稍事清醒：有一天，牧師問底下的信眾，有多少人想要上天堂。在場所有人都舉起了手，只有一個例外。牧師凝視著信眾，問了那唯一的「例外」，他是真的不想要上天堂嗎？那人回答：「我當然想要上天堂啊，神父，但是你說話的口氣像是你打算今天就要出發一樣。」

奧古斯丁把他的生活形容成「這場讓我受罪折磨的拖延」，因為他已經準備好盡快到天堂去。我們絕大多數的人則沒有這麼確定。我們心裡那股與生俱來的矛盾，使我們甚至會去抵抗這件世上最完美的事情。

天堂聽起來如此令人嚮往，不過，還早咧。

4.

待辦清單簡史

-

如果有其他更好的事情可做，有誰會想要寫作呢？

—拜倫，日誌

義大利作家安伯托・艾可（Umberto Eco）對清單有股迷戀。在一九八〇年寫出暢銷全球的小說《玫瑰的名字》（*The Name of the Rose*）之前，身為符號學家的艾可只在學術圈裡活躍。這部背景移到十四世紀義大利的故事，散發著濃厚的福爾摩斯風格，由修道士（巴斯克維爾的威廉）（William of Baskerville）扮演偵探的角色；小說後來改編成由史恩・康納萊（Sean Connery）和克利斯汀・史萊特（Christian Slater）主演的蹩腳電影。這本書的成功使得艾可奇蹟地晉身全球名流之列，同時也是個喜歡讀字典的名人。有次他被問到自己的「荒島之書」，他選擇了電話簿。

而在《無盡的名單》（*The Infinity of Lists*）裡，艾可說：我們只能用清單來展示那些無法完全表現的事物。在《伊里亞德》（*Iliad*）中，詩人荷馬嘗試描述希臘為出兵特洛伊而動用的軍隊配置，後來放棄了，取而代之的是一份清單：船隻清冊、希臘指揮官點完名共三百五十行列的士兵，以及騎兵隊伍。

艾可表示，人們會被清單吸引的原因，就在於它們的無窮無盡。清單沒有長短限制，也不可能全部列完。「我們卻有一個限制，一個令人洩氣、難堪的限制：死亡。這就是為什麼我們喜歡所有我們認為沒有限制的事物，因為那也意味著沒有結束。這是一種逃避死亡念頭的方法。」艾可如此說道：「我們喜歡清單，是因為我們不想死。」

我算是個輕度的清單強迫症患者，但我從來不曾列過遺願清單，因為我缺乏勇氣去做那些死前一定要做的事。這麼說吧，我永遠不可能去高空跳傘、飛滑翔翼、跑馬拉松或是爬上聖母峰。

遺願清單得透過求知慾和自我改進的交錯融合，才能進行；它們透露了讓我們人生履歷更亮眼，以及在死前想要累積令人印象深刻的經歷的急迫感。讓遺願清單一詞普及化的功臣要算是賈斯汀・札克漢（Justin Zackham），他為由傑克・尼克遜（Jack Nicholson）和摩根・費里曼（Morgan Freeman）主演的《一路玩到掛》（*The Bucket List*）撰寫劇本，這部劇本的想法源自於札克漢列了自己的遺願清單。我們可以猜想，排在這清單上的第一名，就是寫出一個能讓好萊塢電影公司願意買單的電影劇本。

我從來不列遺願清單的另一個原因，是因為這需要承認自己的必死性，而我打死都不想承認自己早晚都得一死的事實。要完成清單上的任務，就得要讓它消失；在某個程度上來說，也等於是讓自己消失。這也算得上是自己為何無法完成待做清單的理由。只要我眼前還有事情（最好還是一連串沒完沒了的事）得完成，我就可以把它們無限期地擱置了。會有什麼事情比在最後一張待做清單上劃掉最後一件任務更叫人沮喪？我想要讓這些清單永遠持續下去，可能的話，最好自己也能永遠活下去。

·

當我從紐奧良回來之後，等著我的是這輩子看過最長的工作清單，有些事很重要，有些事則微不足道。此時此刻，我才終於理解對聖迦速獻上供品的意義。當然了，重點就在於，我們可以把自己沒做完的事情，堂而皇之地推到別人頭上，而不是自己負責。我在瓜達露佩聖母教堂的紀念品店裡，買了至少三張祈禱卡，結果，我完成的工作還是相當有限。這樣是不是有點不公平啊？即使把留尼旺島上路旁所有無頭聖迦速雕像加起來，我也比他們更明白箇中原因。

同一時間，我滑進截稿地獄的更深處。這裡一片空無，逃避成了唯一的正事。突然之間，更新推特個人檔案，比起我所能想到的任何事都來得重要百倍。我花上大半天編輯自己電腦裡的音樂檔案，活像是要辦什麼音樂展那樣認真。

我愈是下定決心要進行什麼任務，我就會愈難專注。大夥也都知道這種事是怎麼演變的——工作上的無能讓自己洩氣，而沮喪讓人更無法工作。這一整個需要工作的幾星期，就在自己分心和逃避的迷霧中流逝了。我為了一句話在書架上查找某本書，發現自己一直還沒讀的音樂評論選。儘管這根本就不是當下要找的東西，我還是會拿下來，沒多久就沉浸在一九八〇年代紐西蘭車庫流行音樂的思慮之中。

我根本忘記自己一開始到底是要找什麼。

我知道自己應該停止拖延，下定決心採取行動。即便我時常對這種「後拖延行為」感到罪惡，畢竟它把我想要停止拖延的決心消磨殆盡，但我對什麼都不想做的自己，最後還是什麼都沒做。

只要我沒辦法讓自己去做那些該做的事，我就把它們列在清單裡。對我來說（我打賭，絕大多數的拖拉者也是如此），列出清單的意義，就是強化忽略某件事情的滿足感。如果你沒有把你拖著的事列出來，你可能根本沒意識到自己還有哪件事還沒做咧。這樣到底有什麼樂趣？

我列出了要寫的散文、要修訂的校稿，以及要寫與要回的電子郵件。我有待寫的雜誌文章清單、要把這些文章推銷出去的編輯清單。我有待付款的清單、等著瀏覽的網站清單、要做的雜務清單、要洗的衣物清單，以及要打電話安慰沮喪朋友的清單。等到這非常典型的一天過去，我的工作室就和一間清單博物館沒兩樣。我把這些清單擱在書桌上、床鋪上，或貼在櫥櫃上。

有時候我弄丟了這些清單，後來又找到。這也不是什麼大問題。就算它們是幾個星期前列的清單，上頭的事情通常都還沒完成，所以還是很有參考價值。老舊的清單歡迎隨時歸隊，它們就像是走散的綿羊，回來加入其他的羊群。

認為清單可以讓我們混亂的生活帶來秩序是很美好的想法，但是我寫的待做清單卻從來沒能跟「把事情做完」扯上多少關係。通常還適得其反。我喜歡列清單的原因，在於「列清單」本身就像是一種成就，讓我從「必須完成清單上的任何目標」的重責大任中解脫。

寫清單、管理清單、遺失清單，然後再花一整個下午找清單……這些事就花掉一些我可以拿來完成清單事項的時間。我想，這或許也是這麼多人執著於列清單的理由之一。而寫這些清單帶來的滿足感，往往要比真正去執行清單上面的事，來得更叫人開心。列舉責任義務，通常要比完成它們更有樂趣。

・

我假研究之名在網路上閒逛，發現了強尼・凱許（Johnny Cash）某個時候潦草寫在記事本上的待辦清單，標題還剛好是「**今天要做的事！**」。

1. 不要抽菸
2. 親吻瓊
3. 不親其他人
4. 咳嗽
5. 尿尿
6. 吃東西
7. 不要吃太多
8. 擔心
9. 去看老媽
10. 練習鋼琴

我始終懷疑標題後面的驚嘆號，像是電影《MIB星際戰警》中出人意料的樂觀主義。又或者，它只不過是點出了絕望？

但是，凱許寫下的第八項工作：擔心，讓他從所有寫過待辦清單的人中一躍而出，成為天才。有誰覺得自己要擔心的事情夠多了？再者，如果一個人擔心的事情夠多，那他是不是也該開始擔心自己過度擔心了？這可算是「後野心」了，這種野心完全只跟自己有關，因此無人可以真正理解。就算是只把它列在待辦清單上，也會讓人憂慮。如果我們把這箇中玄機想得夠久，可能只會讓人頭昏。它造成了一種精神上的昏眩，一種我認為凱許已然明白的深度精神不適——因為他清單上緊接著「擔心」而來的，是「去看老媽」。

美國最厲害的清單製作專家，要屬於班傑明．富蘭克林（Benjamin Franklin），他在一七三七年一月六日的賓州「蓋茲堡演說」中，列出了一張多達兩百餘種描述一個人喝醉的說法清單（例如「他的上桅帆已經拿出來了」）。富蘭克林也是率先利用「優缺點比較清單」（pros and cons）的開創先鋒。他有個著名事蹟，在年僅二十歲時，他彙整了一張自己心所嚮往的十三種美德清單（節制、靜默、秩序等等），想讓這張表具有像是道德試算表的用途。他針對每項美德，把自己沒做到的地方記錄下來，「自我檢查，一發現疏失就標上小黑點。」他的想法是，讓自己逐次精通每項美德，直到完成整份清單，便是個完美之人。儘管他日後還有六十四年的歲月，但他在二十歲的時候，已經急著奔赴成功。「你熱愛生命嗎？那就不要糟蹋時間，因為它就是生活組成的一切。」他這麼寫道。也別忘了這一句，「消逝的時間永遠回不來。」

美國的自助（self-help）產業可以追溯到富蘭克林的時代。許多學者爭論富蘭克林對於自己發表的一些建議，到底是否真心；也或許他可能是在嘲諷嚴肅清教徒的道德論，因為那是美國人行事方法的基礎。我們很容易就看出來，為什麼有人會懷疑富蘭克林戲弄了他的讀者。沒錯，他是個多產的發明家和作家，成就了許許多多的事情；但是他也花了大量時間躺在浴缸裡，偶爾還有某位法國情婦陪著。他不會過分執著，硬要從某個無所事事的下午裡逼出產能。

在二十世紀的美國，製作清單、隨手速記又有高成就的類型，要以德懷特·艾森豪（Dwight Eisenhower）算是最好的範例。這位菸不離手的將軍制定了諾曼地登陸的計畫，周密到一絲不苟；如今他被世人記得的，卻是一位在八年任內，花了過分巨量時間在白宮裡打高爾夫的總統。艾森豪和富蘭克林一樣，也成為美式生產力的標竿人物。他在這方面的聲譽，源自於他一九五〇年代末在西北大學的演講，他引用一位「退休大學校長」如何善用他擁有的時間：「重要的事情很少是緊急的，緊急的事情往往也是不重要的。」艾森豪很可能是在影射自己，因為他在戰後曾經擔任過哥倫比亞大學的校長。諷刺的是，他軍隊效率化的直率管理風格，讓校內教職員非常不習慣。他們習慣透過冗長、漫無邊際的委員會議，來討論所有事物。不過，艾森豪的引言吸引了身為教育家和作家的史蒂芬．柯維（Stephen Covey）的注意，後者成立了幫助企業增加效率的「富蘭克林柯維公司（FranklinCovey）」。柯維把這句引言作為「艾森豪矩陣」（Eisenhower Matrix）的基礎，這是一種根據事物的重要性和急迫性來分配優先順序的方式，藉由一張簡單的表格，讓人清楚知道自己該從哪裡下手去完成任務。決策制定者理應把待辦清單分成四大類：現在就做、決定何時做、分配事項、刪除事項。這原意是用來改善做事效率，透過時間分配來消除打混摸魚的可能。哲學家馬克・肯威爾（Mark Kingwell）曾說過「沒作為也是一種作為」，這種瞎忙一通的行為，使得我們有理由不去做這世界認為我們應該做的事情。我個人懷疑，我們尊敬的許多人（像是盡心盡力的父母親或是無私的童子軍領袖），之所以能夠進行這些令人景仰的行為，部分原因是，這讓他們閃避了某些事——例如他們真正的工作。

絕大多數的人都承認，有時候「沒作為也是一種作為」。象徵主義詩人聖波爾・魯（Saint-Pol-Roux）每晚睡前會在門外掛一個牌子：「請勿打擾。詩人在工作。」這句話沒啥珍貴的，但是它肯定了我們的認知：成果不只來自持續的努力、忙碌和行動，也可以來自歇息、沉思冥想和感受。

身為拖拉者，我知道如何讓這項「無所作為」的人性需求，在自己身上用得恰到好處。我讓自己多讀一本書、聽著約翰・柯川的爵士樂、沖澡或是繞著公園走一圈，這些事情都可歸類到「寫作」的大項目底下。意思是說，我知道自己看起來像是拿著飲料、躺在那裡，盯著天花板放空，但我真的是在寫作。我告訴自己，到了某個時刻，自己會停止「這種寫作」，而開始寫作。

我的拖延行為大半都源自焦慮。我擔心自己被交付的某篇雜誌文章超過我的能力，因此把東西拖在那裡不動。我擔心家裡一些老早就需要修補的地方，最後會變得比自己想得更複雜、更花錢，因此我把那些也耽擱下來。我擔心我的醫生會查出我身體哪裡不對勁，所以我寧願不去多想，把約診一年拖過一年。有這麼多事情要做，有這麼多理由該擔心，還有這麼多的清單。

·

一四八二年，李奧納多·達文西寫信給米蘭伯爵盧多維科·斯福爾扎（Ludovico Sforza），尋求工作機會。達文西知道，對這位捲入義大利城邦戰爭的厲害統治者來說，什麼事情才是真正要緊的，因此他在求職信裡列出了自己的諸多能力：建造彈射器以及其他圍城武器、「便於追捕敵人和任何時刻都能從敵人包圍中脫逃的」攜帶型橋梁。他甚至開始設計一種「包覆型戰車」，聽起來活脫是現代坦克的先驅版本。

達文西一直到信的最後才提到自己也會畫畫。他的求職信成功了。但是盧多維科雇用達文西之後，並沒有讓他參與任何軍事計畫，而是要他製作一尊青銅巨馬雕塑（Gran Cavallo）。這尊用來紀念公爵父親的紀念碑，原本是世界上最大的馬雕塑。但就和達文西其他計畫一樣，這創作距離完成還遠得很。要在一件作品上耗費大量時間和精力可能讓達文西陷入了窘境，他困在這當中好幾年。等了好一陣子之後，盧多維科肯定等到煩了，因此，當法國軍隊威脅侵入米蘭，該城的守軍極需火力時，盧多維科挪用了原本要製作巨馬雕塑的青銅，來鑄造大砲。

對達文西而言，充滿企圖心的承諾，和令人洩氣的拖延，是個再正常不過的循環過程。他有滿腦子的想法，卻總是被那些尊榮的貴族要求他去畫張肖像所干擾。達文西在他所處的時代就以製作大工程、大計畫聞名，卻從來不曾真正實現。他有自己的日常工作進程。他不斷地被賦與龐大的任務，也列出了充滿野心的待辦清單：「描述雲朵如何形成，以及如何消散」就是他列的典型雜務工作之一，「描述打噴嚏的定義」則是另一個。達文西跟我認識的很多自由工作者一樣，似乎不喜歡拒絕新任務，或許這就是他會留下這麼多未完成作品的原因。第一個為他立傳的喬治歐・瓦薩里（Giorgio Vasari）就指出，達文西的完美主義礙了事。「他開始了許多事情，（但是）他的手在執行自己所想像的作品時，似乎沒辦法達到藝術上的完美境界。」教宗利奧十世（Pope Leo X）厭倦了達文西的溫吞緩慢，據說曾公開表明：「這個人以後不會有任何成就。」

今天，我們驚艷於達文西繪製的直升機、潛水艇和機器人，但他那時代的贊助者最希望知道的是，他到底何時才會完成說好的肖像畫。

達文西在世時只完成了二十幅畫作，其中兩幅有相同的名稱：岩窟聖母。這異常狀況的起因，是由於米蘭的「無玷受孕會」（Confraternity of the Immaculate Conception），在一四八三年請達文西繪製一幅聖母和嬰兒耶穌圖像，要掛在教堂的祭壇上。懷抱著每個自由工作者都非常熟悉的天真樂觀，達文西同意用七個月完成這件案子。結果要一直等到二十五年之後，這幅畫才掛到教會祭壇上。

這場延誤使得達文西被列入歷史上最著名的拖拉者名單。據說達文西本人在晚年時，對於自己所有未完成的創作相當苦惱。但是，他的拖延真能夠和他的天才分隔開來嗎？我們今天尊崇他的博學，一個橫跨藝術、解剖學、天文學、工程學等領域的思想家，在這些領域裡自在悠遊，並獲得重大進展。他那些令同時代者感到洩氣的失敗，似乎讓他更顯心煩意亂和任性多變。但是有沒有可能，一個更精雕細琢、只在乎取悅贊助者和完工日期的達文西，就無法留下任何值得世人記住的作品呢？

就是這類的爭論吸引了拖拉者，為我們提供了藉口、一再耽擱事情。但是這段歷史事實上更複雜。達文西以相當程度的勤奮，為無玷受孕會繪製畫像，完成的時間其實離當初的承諾只晚了兩年。但最後，微薄的酬勞令他感到屈辱，於是他扣下畫作，好惹怒他的贊助者，然後再賣給其他人。這幅始終沒能送進該教堂的畫作，如今高掛在羅浮宮內。

嘗到懲罰苦果的教會最終還是委請達文西再畫一幅，達文西答應了，也承諾自己會再繪製同樣的主題。第二幅畫花了他十五年的時間完成（或者如一謹慎的消息來源所說：「這項委託的執行曠日持久。」）如今可以在倫敦國家美術館內欣賞到的第二幅「岩窟聖母」（只是你得推開重重人牆），總算讓達文西實現了與教會的合約。該教會在一五〇八年把畫作掛上教會祭壇，距離達文西承諾在七個月內交件的時間，晚了四分之一個世紀。

·

根據最嚴苛的定義，所謂的「拖拉者」，是明知道「拖延」到後來可能會反咬他們一口，卻仍然選擇拖延的人。如果拖延牽涉到違背個人利益，而得有所為或有所不為，我們必須要問的是，什麼樣的人會去做他認為違背他人利益的事？古希臘人（想當然爾）對這種行為有一個字來形容，他們把這種行為，稱為akrasia，意指「有心無力」，一廂情願地做出違背自己理智判斷的事情。蘇格拉底認為，真正「有心無力」的行為是不可能發生的，因為沒有任何一個百分之百確定什麼對自己是好的人，會不去做自己認為是好的事情。「人非知善而不行，而是不知善。」他爭論道。

另一方面，亞里斯多德相信「有心無力」準確描述了意志力的失敗，是慾望或熱情壓倒了理智——我真心想要保持健康，卻沒這麼做，是因為我寧願在付費網站看《王牌飆風》（*Talladega Nights*），同時吃下一桶一品脫的哈根達斯鹽味焦糖冰淇淋，也不願意運動。我得到了看爽片吃冰的愉悅，卻失去了健康。我並沒有做自己相信對自己最好的事。

有鑑於人類似乎怪異地滿足某些（未必對我們有益的）生理愛好，像是和錯誤的人共度春宵、在酒吧裡待了整個下午，以及那桶鹽味焦糖冰淇淋，「有心無力」的行為不應該如此令人費解。我們知道這樣不健康，我們知道這樣不理性，但我們照做不誤，之後又真心懊悔。我們以為自己其實沒那麼有人性，如同一些成語形容的，我們常說自己根本就是「狼吞虎嚥」，或者自己簡直就是一頭「蠢驢」。或許我們到後來，還病得跟條癩痢狗一樣。十六世紀的詩人艾德蒙·史賓塞（Edmund Spenser）在《仙后》（*The Faerie Queene*）中，為女巫師取名為「亞葵莎」（希臘文Acrasia，意即「缺乏自我控制」）。她擁有把心愛的人變成動物的能力，使得他們無法控制自己。

即使是最聰明的人也無法避免「有心無力」的發生。諾貝爾獎得主經濟學家喬治・阿克洛夫（George Akerlof）一九九一年寫了一篇論文〈拖延和順從〉（*Procrastination and Obedience*），一開頭就寫出跟自己有關的拖延軼聞：住在印度的他得把一件包裹寄到美國給好友喬瑟夫・史迪格里茲（Joseph Stiglitz），可是他卻日復一日地拖著。「八個多月以來，每天早上，我醒來時都決定，隔天早上要把包裹寄給史迪格里茲。」阿克洛夫如此寫道。但是八個多月過去了，那包裹仍然擺在原來的位置。

某種程度上這景象令人安慰。知道如此聰明絕倫的學者也會耽擱和拖延，感覺挺好的。另一方面來看，如果你屬於那種被拖延弄得昏頭轉向的人，可能會想一把揪住阿克洛夫的衣領，喊著：「把那該死的包裹寄出去！」阿克洛夫本人也一樣被整個謎團愣住了。在整個拖延行為中，他看見了我們的判斷力和決策力被不怎麼理性的衝動所主導的證據，這一點跟傳統的經濟學推論恰恰相反。阿克洛夫研究的行為經濟學領域，是在研究偶爾不理性的人，如何會做出偶爾極度不理性的決定。

拖拉者最典型不理性的行為之一，被經濟學家稱為「雙曲貼現」（hyperbolic discounting），意思是指我們寧願選擇當下（立即可得）的小利，而不願意等待（未來）更大的報酬。因此，即使「完成學位論文」可以幫助一位畢業生在未來得到更好的工作機會，他卻選擇把時間拿來再玩一盤拼字遊戲。他偏愛此刻的自己多過未來的自己。當然，有可能這個浪費時間玩拼字遊戲的畢業生，對於未來的豐厚報酬（好工作）的承諾缺乏信心，不過讓我們把這可能性暫且擱在一旁。

只有在以「選擇」為最高價值的世界裡，才有拖延和耽擱這回事，就像全球消費主義者趨之若鶩的跳蚤市場。自由市場本應該是人類自由的核心條件，而「選擇」是我們最寶貴的權利之一。但是如果你跟我一樣，曾在超市裡的早餐麥片區花了好幾分鐘，遲遲無法選擇到底該買原味或是蜂蜜口味，你就會知道「選擇」也能沉重到成為負擔。

「懷疑」則是選擇的一種產物。我該不該接受這份工作？我該不該把臥房漆成藍色？我該不該要這個人嫁給我？我該不該去看醫生，問他自己肩膀上打死不退的東西到底是啥？我不確定耶，我沒辦法決定。就跟阿克洛夫一樣，我醒來的時候知道自己今天應該要做什麼事，但是準確來說，是哪些事呢？待辦清單是一份目錄，以拖延行為的深奧來說，我真正想要的，是有人告訴我「該」吃什麼。

·

達文西從未能完成他的青銅馬雕塑。不過，他倒是在一四九三年弄出了二十四呎高的巨馬黏土模型，可惜沒多久就被弓箭手拿來當練習靶而毀了。在戰爭的威脅下，盧多維科把要留給達文西的八十噸青銅，改拿去鑄造大砲，製作巨馬雕塑的計畫也跟著被遺忘了幾世紀。直到一九六五年有人在馬德里發現了達文西的部分舊手稿，他的設計才重見天日。美國藝術品收藏家查爾斯·丹特（Charles Dent）在某期《國家地理雜誌》讀到了這被中止的計畫，決定要再次嘗試。他聘請的雕塑家妮娜・阿卡姆（Nina Akamu）最終完成了達文西龐大的巨馬雕塑。雕塑細節跟達文西設計的未盡一致，但是高度達二十五呎，重量則有十五噸。該巨馬雕塑一九九九年在米蘭揭幕，距離達文西的黏土模型毀壞的時間晚了五百年。

我寧願把巨馬雕塑想成是拖拉者達文西跟自己拉扯征戰的紀念碑。因此，我們大夥就多點耐心吧。在某個地方的某個人，有可能會替你完成你始終做不到的事——即便那意味著我們可能要等上五百年。

5.

打卡上工啦

-

我們不想要任何的積極進取心。

我們只需要他們聽從指示，照著做，然後做快一點。

—費德烈．溫斯洛．泰勒，一九〇七年管理學演說一九一一年夏天，在麻薩諸塞州水城兵工廠（Watertown Arsenal）工作的員工大肆抱怨某人：出身名門的管理顧問費德烈．溫斯洛．泰勒（Frederick Winslow Taylor）。泰勒和他的助手在過去將近三年的時間裡，握著計時器，在兵工廠裡四處走動，幫各部門的員工計時，試圖改進員工的工作效率，杜絕任何的時間浪費。老闆透納希望能找到並制定一套最佳的標準化流程，完成廠內承接的每項任務，從磨利、搬運各種工具，再到模型原料澆注，以製作海岸防衛槍砲。

而這就是泰勒賺錢維生的技能：他看著員工做事、盡可能準確地測量他們工作的速度（這無法永遠精確），然後寫一篇落落長的報告呈給大老闆們，敘述這些員工可以用什麼方法，更好、更快地完成工作。

兵工廠內的員工稱他為「快手」。

美國陸軍雇用泰勒的目的，是要讓整個兵工廠的製造流程更簡化有效率，最後製作出運輸海岸大砲和野外迫擊砲的運輸砲架。對於希望控制日漸複雜的生意以及（想當然爾的）利益最大化的企業家來說，泰勒本來就是效率專家的最佳人選。他可能是在二十世紀蓬勃發展的人種先鋒：高價名人管理顧問。

成長於費城富裕家庭的泰勒走上了一條古怪的人生道路。儘管泰勒獲得哈佛的入學許可，年輕的他卻選擇在費城一家唧筒製造廠的生產線工作，一路當上機械師，最終成為賓夕法尼亞州耐斯鎮米德維爾鋼鐵公司（Midvale Steel Company）的首席工程師。同時，他也活躍於上流階層的運動俱樂部。他和搭檔在一八八一年第一屆全美網球錦標賽（U.S. Nationals），以自己設計的球拍奪下了雙打冠軍；後來更在一九〇〇年的奧林匹克運動會中，在高爾夫球項目奪得第四名。

紳士從不擔心自己得捲起袖子揮汗工作，但是泰勒在自己的工作崗位上過得挺悲慘的。問題在於，他想盡各種辦法哄騙員工更勤奮工作，結果引起這些人的鄙視。泰勒也當然注意到這情況帶給自己的困擾。「一整天下來，看到的每個人都一臉敵意，這對任何人來說都是可怕的生活。」他坦白說道。

他休假時注意到一個先前從沒有人發現的問題：一件簡單的事情竟然會有各種各樣的方法來完成。就拿剷沙來舉例，剷沙工人會用自己的工具、方法及速度來做事；意思是分配到同一件任務的不同工人，彼此的工作進度很可能各不相同。表面上兩個剷沙者同工同酬，因此我們可以推測兩人的剷沙數量應該相差無幾，但事實上，某個剷沙工人剷的沙子，可能要比另一個人更多。

泰勒也注意到了另一件事情。整體勞動力趨向符合速度最緩慢、姿態最悠閒的員工。即便某個員工能夠剷出一大袋沙，也可能不願意表現出最積極的速度，只因為擔心此舉是在炫耀給其他同僚看。泰勒把這現象稱為「從軍式偷懶」（soldiering），他認為這幾乎是全球普遍的現象。

從軍式偷懶跟拖延有關，偷懶的人利用如拖拉者讓自己洩氣的方法，來破壞集體的努力。讀到泰勒這一番對「心靈遲緩」的員工在工作上偷懶的苛刻敘述，我禁不住也認出了自己的影子。回想以往，我可以看見這種「從軍式偷懶」在自己的職場上占了多大的比例；這樣一想，自己大多數時候應該要穿著「工作服」才對。我高中時期在一家雜貨店工作，大家可以理解為什麼我不會用最快的速度把蘋果堆疊好，因為這可能會立下危險的範例。大學時期在工地幫忙翻修房屋，推著手推車移走那些殘材碎片時，明白出一個道理：工作太賣力，只會得到「推更多趟」的報酬。

快手泰德鐵定會被我這些工作方式給嚇住，但是他對於「從軍式偷懶無所不在」的看法是正確的。那種想要反抗老闆、想要閒蕩，想要任性做些我們知道自己不應該（或者更貼切地說，是「不」去做我們該死的知道自己「應該」去）做的事的渴望，存在於多數職場，尤其是在那些「員工想要對管理階層比中指」的行業裡。在某些環境當中，從軍式偷懶甚至是英勇的行為，是另類的反抗。據說，美國南方有些非洲奴隸藉著緩慢的腳步，來破壞或是拖延工作的進度，而不是密謀搞垮邪惡的奴隸財產制度。有些甚至對自己下毒。

從晚近的資本主義和消費主義衍生而出的強烈反對聲音，也屬於這類的歷史。情境主義領導人物哲學家居伊・德波（Guy Debord）寫過最有名的一句話，並不曾被收進書中或發表在學術期刊上，而是他在一九五三年薩納河岸一處牆上的塗鴉宣言：**絕不工作！**（Ne Travaillez Jamais）。

德波真的沒有工作過。我從德波的自傳中得知其中一件事，是他的第一任妻子有陣子靠著寫賽馬預測，來資助丈夫的生活。這聽起來不像什麼有前途的行業，但是如果你真的抵制工作，職業有無前景也就沒那麼要緊了，不是嗎？

對德波來說，不工作和怠惰沒有關係。他把這看成是對命令的突擊（他還曾經把自己早期一本書《回憶》用砂紙裝訂，好把架上擺在它兩旁的書磨傷）。也許有人會想要把德波和情境主義分子，看成歷史上那些在激進運動中不合時宜的典型人物；但是他們部分的道德觀，和現在（即便是）最無疑問的資本主義者仍有關聯。拿情境主義者的「衍生」活動為例，在這場無計畫、無目標地穿越都市空間的遊逛行為中，「義務」被忽略了，「機會」引領冒險者去面對一個又一個新情境。若再去掉步行，「衍生」和整個下午從網路上這個連結跳到那個連結的行為之間，也有著許多相同的元素：像是把握各種機會的關聯、讓好奇心爆發，以及荒廢時間。

．

泰勒從研究工作中得出精確分析的主張，受到當時領導階層的認真看待。其後的最高法院大法官路易士・布蘭迪斯（Louis Brandeis）便是泰勒的粉絲，他在一九一〇年提出了「科學管理」的概念，來解釋一門包括泰勒，以及動作研究先驅法蘭克暨莉莉蓮・吉爾布雷斯夫婦（Frank and Lillian Gilbreth）都信奉的學說。吉爾布雷斯夫婦甚至運用數據上的精確研究來操持家務。他們嚴格管理養育十二個小孩的方法，催生了他們的自傳體小說《十二生笑》（*Cheaper by the Dozen*）以及同名電影的誕生。

隱在泰勒分析之後的假設，在他一九〇三年寫的論文〈工廠管理〉（*Shop Management*）中很清楚：我們沒辦法信任員工可以靠自己——要記住，他們的「心理遲緩」而且「天生懶散」——因此需要管理階層引導他們，以標準化、最佳化的技巧和速度完成任何任務。「**做任何工作，都只有『一個最好的方式』**」這句話，最能形容泰勒主義和效率之間的關係，而這有賴管理階層找出最好的方式，並強加到工作人力上。

在米德維爾工作期間，泰勒在機械廠房裡工作，由皮帶驅動的巨大機械把火車頭的鋼輪切成正確尺寸。泰勒研究了這些機器操作的原理，把整個切割鋼鐵的流程斷成好幾部分：搬運工具的形狀、組裝的速度、金屬的種類等等，這些流程全部都可以量化、減少到用計算尺就可以算出來的等式。他想要把近似機械般的精準效率，帶到人力的操作行為上。他把自己的任務看得很崇高，也認為自己有遠見，運用科學為勞動階級帶來機會和啟發。

事實上，泰勒的分析並不是真的那麼科學和有系統。他在一九九八年被伯利恆鋼鐵公司雇用時，挑選了「十二名孔武有力的匈牙利彪形大漢」，要他們以最快的速度把總重十六點五噸的生鐵塊搬運完畢，並依據結果來決定搬運生鐵塊最佳的速度。這群大漢花了十四分鐘完成任務。之後，泰勒開始抓數字，使它們符合所謂「重物勞動法」的法規，這結果假設出在工作和休息之間最理想的比例（讓我給點線索：「很多」對上「些許」）。泰勒在資料數據上的拿捏，順利得出了他的結論：在擁有適度積極性和持續監督的前提下，一名工人每天可以搬運七十一噸的生鐵塊。

（所謂的）科學說話了。這個數據被納入伯利恆鋼鐵公司的新標準。為了提供誘因，泰勒願意為那些能夠達到標準的員工增加酬勞，拒絕配合制度的人則被解雇。

多數為新進移民的工人不斷地抱怨，泰勒和他的大學生助手竟然想要指導他們該怎麼工作——同樣的抱怨，之後也在水城四處流傳。在水城的兵工廠裡，工人們的反應尤為憤怒，他們認為泰勒的科學式管理，對他們為守衛國家的貢獻是一種侮辱，威脅了他們的愛國情操。針對泰勒的工作方式，罷工抗議的鑄模工人在請願書上是這麼寫的：「對我們這些總是試著把自己最好的部分獻給國家的人來說，這是一種羞辱。這方法非常不美國。」

工廠裡的罷工只維持一週，最後因為一位先前違背泰勒的要求而遭到解雇的員工復職了，罷工抗議隨之結束。不過這事件引起美國眾議院勞工委員會的調查，這讓泰勒有機會對全國解釋自己的方法，只是結果不如他想的順利。

「我可以毫不猶豫地說，」泰勒告訴勞工委員會：「處理生鐵搬運的專門技術非常了不起，那些生理上可以搬運生鐵塊、但遲鈍和愚蠢到以此為業的人，很少能夠明白處理生鐵塊的專門技術。」

當泰勒把一位不願意配合規定時間標準的工人，比喻成「一隻會唱歌卻不願意唱歌的鳥」時，一位憤怒的國會議員回應：「我們不是在處理馬匹或唱歌的鳥的問題，而是處理這社會的一份子，以及為他們利益著想的工會組織。」

這次調查的結果出爐，國會禁止利用計時器來記錄工人的工作。儘管國會不同意，泰勒的想法卻已然生根。就在水城工廠工人罷工的同一年，泰勒出版了《科學管理原理》（*The Principles of Scientific Management*）一書，成為二十世紀前半葉的商業暢銷書，可說是如今在每間機場書店都有的商業致勝類書籍先驅。彼得．杜拉克（Peter Drucker）熱中地推崇此書為「自《聯邦論》（*Federalist Papers*）以降，美國對西方思想最具威力和貢獻最久遠的書。」杜拉克把泰勒、佛洛依德和達爾文相提並列，是支撐現代世界的思想三巨擘。泰勒本人則把自己的想法稱為「心智革命」。

他說得沒錯。亨利．福特在發展流水作業線系統的時候，就受到泰勒的看法所影響。這些看法也吸引了如墨索里尼和列寧等思想迥異的國家領袖。威瑪共和國（一九一六—一九三三年的德國）的「合理化」運動，把泰勒主義講究的效率和次序，做為國家整體經濟的基礎。墨索里尼和其他日本企業早在一九二〇年代就擁抱了泰勒主義，對這理論的擁護讚賞從來不曾削減。當泰勒的兒子於一九六〇年代訪問日本的時候，東芝企業的經理們哀求著索取他父親的照片或是任何東西都好——可以賞我一枝這偉大的人用過的鉛筆嗎？

．

我們幾乎肯定，自己對於輕率的歷史相似性，總會抱持著一絲懷疑的態度；但是我們也不難看出泰勒在人們現今對於工作、時間和產能等看法上的影響力。人們會建議我們「編列時間」，就是以經濟的角度來思考時間，把它當成資源而明智地管理、安排和配置。（我們語言上談論時間的各種措辭，也等同於談論金錢的措辭，這不是很了不起嗎？我們花掉時間、浪費時間、保留時間、也失去時間。）「時間就是金錢」跟僱用關係的陳腔濫調沒啥不同，但我們也真的沒有更精簡的詞彙，來準確形容泰勒的人生論調。泰勒是我們在個人和職場生活中，對生產力和效率迷戀不已的始作俑者，不過我還是不確定把這兩個領域分開來有沒有道理。就某種程度來說，我們總是清楚時鐘滴答不停走著；就某種程度來說，我們感覺自己沒有足夠的時間，去做我們認為需要完成的事情；就某種程度來說，我們大家都在一心多用，不斷寫備忘錄給自己，也照著手機的鬧鈴指示，從一件家務事跳到下一件；我們正活在泰勒主義留下來的影響力中。

評論家路易斯．梅南德（Louis Menand）寫過一本書，討論關於「最佳的練習」的概念，如何從商業學校轉移到了大眾文化裡。結果是，我們到最後內化了個人能力的部分典範，而這些能力跟自己實際生活的方式並無多大關係。我們透過這「整理過」的典範標準來評估自己，當然也就會發現自己缺乏這些特質。我們在自己的年度審核中失敗了。

早在自助產業興起之後，我們就不斷把個人和專業結合在一起。即使是這領域的第一本書（由山繆爾．斯邁爾斯撰寫的）《自助論》（*Self-Help*），也把職場生活描述為需要全心投入和持續的承諾。梅南德是這麼看斯邁爾斯的：「《自助論》中那些楷模故事都有一個顯著的事實：他們所記錄的職業中，都有一個需要全心投入的本質。職場生活和個人生活之間沒有界線。個人的成功和事業上的成就相互重疊，這種併合，成為該領域的主要元素。」當然了，祕密之一便是要盡可能善用時間，如同一個人會想辦法增加珍貴的資源一樣。也因此，在我們和時間關係當中屬於失能的「拖延行為」，便是通向成功的阻礙。只有真正的自毀行為對時間沒有經濟概念，它們不會儲存時間、不會明智地利用時間、不會分配時間。它們摧毀時間。

我愈深入閱讀泰勒的理論，就猜想自己的最初反應在意料之中：一個人道主義者面對任何專制者、數據驅動的計畫所表現出的反射性蔑視。但接著，好玩的事情發生了。我開始欣賞快手泰勒和他的計時器。任何一個曾經被優柔寡斷困擾和折磨的人都明白，有時候你要的就是希望有個人告訴你去做什麼。我這輩子已花了足夠的時間困在茫然和疑惑中，在這個和那個選擇之中三心二意，到最後什麼也沒做成；我可以看見有個拿著計時器揮舞的權威人物，把我從自毀行為當中拯救出來的好處。

當然，唯有一個其實不怎麼需要跟拿著計時器揮舞的權威人物爭論的蠢蛋，才會笨到真心如此認為。如果真有一個這樣的人告訴我怎麼做事，我會跟泰勒手下那些鋼鐵廠工人一樣，欣然起身對抗。硬加在我身上的時間進度表，限制了我的選擇。我不認為反抗這些進度時間表（也就是拖延的意思）是必要的英勇行為，而全是人性使然。

在布魯斯．比瑞福（Bruce Beresford）的電影《黑袍》（*Black Robe*）當中，耶穌會的傳教士在北美洲東岸的新法蘭西（New France），教導休倫人（Huron）聽從「時鐘隊長」的指示：何時研讀聖經、何時進食、何時禱告。在時鐘鳴響報時的那一幕裡，休倫人興奮地說：「時鐘隊長說話了！」他們的興奮根植在神學中，時鐘有一張臉，專司傳達上帝的旨意。

如今這份工作移到了其他裝置上，像是可以記錄走了多遠的智慧型手錶、測量消耗多少卡路里的應用程式。所有彈跳出來的通知、嗶嗶作響的鬧鐘，都在告訴我們該做什麼事情，還告訴我們，做這些事情時，不妨順便更新泰勒標準化程式的版本。對我們來說，時鐘隊長的確在說話。

·

我開始擔心自己的工作習慣。我這麼說，是我擔心自己「怎樣就是不工作」的習慣。有些日子裡，想到自己動作的遲緩，心裡湧起跟泰勒相同的蔑視和不屑。在一些日子裡，自己一整個小時、一整個下午就在泡咖啡、傳簡訊和在維基百科裡讀著爵士貝斯手名家介紹之間，悄然溜逝了。

多數的日子裡，我懷抱著目標開始新的一天，但最後一樣要嘛受到干擾或是洩氣，要嘛就是完全亂了方向。其他日子則是偷偷溜走，無從把握。難道沒有方法可以讓我終結自己這習慣，好讓我的工作日不被擠成碎片、輕易地從裂縫中消失嗎？

我知道自己不是唯一跟這問題苦苦角力的人。白日似乎從我們身邊逃離，彷彿我們的生活漏了一角；我們最常從專業級的抱怨家聽見的經典怨言，便是他沒有足夠的時間，去完成所有那些吶喊著自己被忽略的事情。我們的孩子持續貪婪地跟我們索取更多的時間，理應為當下的情況負起一定的責任。我們擴張成一團的工作也是如此，從《天才小麻煩》（*Leave It to Beaver-esque*）裡面朝九晚五的老式打卡鐘，漲成現在的圍城狀態，就連我們夜裡躺在床上打起瞌睡的時候，老闆傳來的電子郵件還在嗶嗶呼喚著。

網路革命性的相互連結，本該要讓我們工作得更快速、更聰明和更有成效——或許它偶爾是如此。不過，科技當然也很懂得如何讓我們分心。我們都知道這是怎麼回事。我們手裡拿著咖啡，坐下來，打算處理累積了整夜的電子郵件。收件匣在召喚著我們。我們看見某個人傳來一個連結，那引起了我們的注意；第一條連結快速地連到了第二個。第一個連結至少勉強還跟我們專業上的職務有些薄弱的關係，但是第二個連結根本只有娛樂功能，也就是我們很難抵抗的誘惑。總是有下一個連結隨之而來，總是有更多的誘餌，總是有另一個吸睛的標題（「十六個名人瑜珈褲掉下來，不可錯過！」）等你點開。

不知怎麼的，等你想停下來喘口氣，午餐時間到了。

然而，等在前頭的下午時光，是隨著這例行程序而來的無精打采和疲倦的空洞情緒。這種感覺跟我們以前稱之為「無感」的感覺算是表兄弟：這裡指的是對這世界提不起興趣的無力。這世界的擬真科技，真讓我們被手邊各種裝置給處理了，這句話毫不誇張。

我朋友蘿拉聽說了我的狀況，硬是拿走了我的筆電，好讓她可以「重新整理我的電腦設定」來幫我的忙。蘿拉積極生產的能力和我磨蹭的能力相當，因此我願意聽從她的指揮。她重新設定我的筆電，讓我不會頻繁地接收到新訊息的通知，理想上就可以降低分心或干擾的風險。我很確定這是個好方法，但事實是，單是「重新調整我的設定」，就讓我很提不起勁。它減低了讓我把這些紛擾當成是類似科技訊息互動問題而產生的存在危機。難道只要重設電腦，就真的能改善自我反省和自我懷疑的狀況？這就像是讓世界上最悲慘的失眠患者去看醫生，得到的答案卻只是每晚睡前喝一杯熱牛奶是同樣的道理。

蘿拉努力地要改善我的工作習慣，她把我的電腦設定在每隔半小時就會發出類似史蒂芬．霍金的電子合成語音：「現在是兩點鐘。」霍金的分身會這麼報時。感覺上過不到幾秒，在自己只顧欣賞著網路上可愛的柯基犬照片而什麼事都沒做時，分身又說話了：「現在是兩點三十分。」這些自動報時加總起來傳遞的訊息很清楚：「今天又即將消逝，而你一事無成。」我發現自己每天都在重溫學生時期週末夜晚的惡夢——當週日下午的時光很快的到了夜晚，知道又一個週末泡湯了，取而代之的，是對學校折磨人心的作業陰冷逼近的恐懼。史蒂芬．霍金分身並沒能真正讓我產生動力去做事，倒是讓我想把筆電往窗外扔。

同時，我其他眾多問題之一，是使用了一種接近數位監督者的智能手錶「飛比特」（Fitbit），可以監測自己每天走了多少路、消耗了多少卡路里。這聽起來是個很棒的點子，只不過我太太也買了飛比特，好勝的我們因此耽溺在要走贏對方的執念上。每一天，我在路線中增加了愈來愈多的步數，也不忘告訴妻子，自己又多走了多少步，認為這樣的訊息肯定會讓她驚豔。當然，她也同樣在日常路線中不斷增加步數，數字還時常比我多，這讓我不得不走得更遠。這就像是用路人之間的冷戰，因為感到不安而暴衝出無腦的升級戰力。整整好幾天，我精疲力竭地追逐著距離，讓自己沒有多少時間可以做包括工作在內的其他事。那一陣子，任何等著我完成的重要事情，都比不上在這場飛比特走路賽中擊敗太太，我決定，其他的責任義務也只能先擱著。在自己有時間做該做的事情之前，我還有好幾英里的路要趕呢。

我猜，你們可以說這整件事挺諷刺的；我原本對於飛比特寄予厚望，可以把泰勒風格的紀律帶進自己的工作裡，結果反而更助長了自己拖延耽擱的傾向。不過就這一點來看，我並不想對飛比特做過多的稱讚或責備。事實是，如果我打定主意要拖延，就不需要利用任何裝置讓自己的衝動合理化。就跟許多拖拉者一樣，我本來就是自我驅策的強力懶骨頭。

對任何拖拉者來說，要活在充滿數位鬧鐘、提醒和催促的世界裡是一大挑戰，它們全都在提醒我們的責任或是義務。這就是一想到這些東西的人，會把它們稱為「延伸意志」的實例。「延伸意志」一詞指的是驅策自我或是哄騙自己有所作為的策略。這些策略有可能是心理上的，這就像是讓你自己跟一個你討厭的事物共同合作一個你喜歡的事情，來完成手邊大量的工作。舉例來說，當你容忍辦公室裡小隔間有多單調沉悶的同時，卻也想著自己正在賺多少錢。其他的策略就屬於環境上的，這就像是建造一道滑坡，好驅使自己進行工作；例如，為了隔天一起床就要去晨跑，在前一晚就先把所有需要的東西準備妥當。

延伸意志的必要性，說明了平淡、老式的意志不能完全勝任這份工作。意志力並不能享受它一度有過的行情，或許是因為有太多的社會科學研究顯示，我們在控制自己這方面的能力有多麼糟糕。（現在的趨勢看起來，美國學術圈不正有新的團隊致力於量化實驗對象到底得做什麼，才能得到另一片餅乾或棉花糖當獎勵嗎？我們姑且先稱為「棉花糖工業複合體」（Marshmallow Industrial Complex）吧。）

想到我們可以光靠意志力，命令自己去做需要完成的事情，是一樁美事。但我們後來發現，意志力會衍生出兩個問題。正如心理學家羅伊·鮑梅斯特（Roy Baumeister）提出的，意志力如同肌肉，規律使用它就會有所回應，忽略它則會萎縮。如此一來，我們的意志力可能（也有可能不）會準備好，隨時在我們需要的時候出手幫助。那麼，其他所有那些外在的自由意志又該怎麼說？它們當中有些在跟我的自由意志競賽，鐵了心要阻礙我？我的意志力到頭來甚至在無意的情況下，放棄跟它們彼此衝撞。最後的結果就是，沒有人可以隨心所欲地做自己真正想做的事情。

一三〇〇年代義大利半島某城鎮的高塔上，聳立著世界上最早的時鐘。它們是新興城邦競相爭逐權力、聲望、貿易和金錢的劇烈競賽中的產物。任何一座渴望獲得聲譽的城市，都必須有一座鐘塔，鐘愈大、愈高、愈響亮，就愈好。這場競賽讓

城市競相建蓋更高更壯觀的鐘塔。即使到了現在，我們仍然可以發現至少有六座義大利城市，各自宣稱「擁有全義大利最美麗的鐘塔」。

這種報時的新穎科技很快就迎合了當時雇主的意志。因此十四世紀時的義大利企業雇主率先裝設時鐘，用以管理員工的職場生活。靠近馬久里湖（Lake Maggiore）有座大理石採礦場，那裡的員工沉浸在鄰近檸檬園傳來的濃郁香氣裡，切割著米蘭大教堂所需要的石頭；礦場在一四一八年也有了屬於自己的大鐘。時鐘控制了這裡員工上工的日子，就跟其他時鐘管理著修道院裡僧侶的祈禱生活，以及城裡新興商人階級的工作日一樣。

時鐘也就是從這時候，開始告訴我們每個人的價值。從一開始，這些聳立的高塔就能夠以全新的態度，看待時間和明智使用它的需要。座落在錫耶納（Siena）田野廣場上的曼吉亞塔樓（Torre del Mangia），其名稱據說是得自一個綽號為「曼吉亞古達尼」（貪圖利益者，也稱貪圖時間者）的懶惰敲鐘人。這則警世傳說告訴人們，曼吉亞古達尼揮霍時間的代價是丟了工作；為了取代他，塔樓很快就被裝上機械的青銅鐘。曼吉亞古達尼很可能是歷史上因為「尋求更強大的機械化生產效率」的名義，而失去工作飯碗的第一人。

就跟水城兵工廠那些不滿的工人一樣，我們絕大多數的人認為，遵守被分配好的時間表和計畫表，就等同放棄了個人某些程度的獨特性和人性。多數人也認為要跟這世界和平相處，需要偶爾的妥協。我們做的事情、我們擱置的事情，以及我們計劃將來要做的事情等等，都定義了我們這個「人」，即使我們並不完全明白自己為什麼會做這些事、或不做這些事，也一樣。

鐘塔在義大利各角落頂立的短短數十年之後，習慣拖拉、最後期限一延再延的達文西畫出了他著名的素描〈維特魯威人〉（*Vitruvian Man*），試圖定義和描繪完美比例的人體。達文西的完美人型被放置在一個圓圈裡，手臂上揚。

他看起來跟時鐘還真是一模一樣。

6.

蘊滿了可能性的種籽

-

明天會更好。

—「利希滕貝格信徒協會」的座右銘

十八世紀最後數十年，德國下薩克森邦的哥廷根（Göttingen）大學城街上漫步的行人，對於一個男子從苟特瑪斯街上，一間半木造屋子的頂樓俯瞰人群的畫面，已經司空見慣了。這男子便是格奧爾格．克里斯托夫．利希滕貝格（Georg Christoph Lichtenberg），歐洲啟蒙時代知識圈子裡的超級明星之一。

身為一七六〇年代哥廷根大學中頗受歡迎的科學講師和風雲人物，利希滕貝格猶如十八世紀傑出的全球巡迴講演者，這圈子裡的知識分子還包括了歌德（Goethe）、康德（Kant）和亞歷山卓．伏打（Alessandro Volta）。這位在講台上論證科學的明星，吸引了全歐洲的學生和仰慕者，同時也是英國國王信賴的聊天夥伴。

如果啟蒙時代（Enlightenment）就有 TED 演講，利希滕貝格可能就會戴著一頂假髮和無線耳機，在舞台上來回信步走著。

利希滕貝格個子瘦小又駝背，帶有那麼一點搖滾明星的味道。他的演講照例擠滿了特地前來哥廷根的聽眾。學校聘請他的原因，不光是看重他在科學上的能力，也因為管理階層希望他的個人魅力、聲譽和引起眾人注意的技巧，能夠吸引其他的學者前來。

利希滕貝格的生活似乎滿溢著各種想法和熱忱，然而，過多的想法可能也會造成問題。他似乎從來就沒辦法把精力專注在某件事情上頭。或者，利希滕貝格對於專注根本就沒興趣？利希滕貝格一次又一次地做出為新突破奠下根基的打底工程，結果卻把得出重大突破的機會留給其他人。利希滕貝格展示「利用熱氣球飛行」的科學原理的時間，要遠比孟格非兄弟（Montgolfier brothers）創下熱氣球初次飛行的世界紀錄早很多年，但他本人卻從來沒想要讓雙腳離開地面。

利希滕貝格時常告訴他人，他想要寫一本帶有亨利．菲爾丁（Henry Fielding）的《棄兒湯姆．瓊斯的歷史》（*The History of Tom Jones, a Foundling*）風格的小說。只不過，他似乎總是找不出合適的時間。永遠有待赴的演講、待寫的信件、以及必要的漫步。當他在五十六歲過世之際，他的小說只完成了幾頁。

他多方涉獵，卻也淺嚐即止。利希滕貝格無邊無際的求知慾，一半是出於他的感染力、一半則是因為他的天賦。他的演講主題涵蓋了天文學、數學、大地測量學、火山學、氣象學和實驗物理。他針對英國藝術家威廉・賀加斯（William Hogarth）的版畫，撰寫了一篇廣泛的藝術評論分析。他也寫了許多關於我們可稱為「心理學」方面的散文。利希滕貝格有時被自己老是想要多所涉獵，以及無法專注在手邊的事情，感到洩氣。他在其中一篇日記中透出的悔恨倒是相當清楚：「孟格非兄弟的發明早就在我可觸及的範圍內了。」他寫這些文字的語氣，像是一個人「狠狠拍自己前額一下」的失望。

我們甚至能在他的成就當中，找到他拖延事情的蛛絲馬跡。他在靜電學上的重大發現之一，其實是他某天不想工作，轉而在實驗室裡清潔科學設備而得到的無心結果——任何一個拖拉者都很熟悉這種逃避任務的心態。利希滕貝格打造了一個起電盤，這個直徑約六英尺的金屬盤裝置，後來由他的好友伏打普及化，用來讓電荷發電。或許是想找一個理由（或是任何理由）擱著正事不做吧，利希滕貝格某天在實驗室裡，把東西移過來挪過去的時候，發現盤子上的灰塵聚集成一小堆一小堆的。「在某些程度看起來，就跟星星一樣呢。」他這麼寫道。他把金屬盤刷乾淨之後，灰塵又落回原先的模樣。當他把金屬盤接到萊頓瓶（Leyden jar）充電，灰塵製造出來的圖像更是驚人，簡直就像是充滿電的萬花筒。利希滕貝格發現自己可以把金屬盤上的圖樣移到紙上去。

他跌跌撞撞地摸索著靜電印刷的原理。利希滕貝格就像藝術家一樣，理解出了把粉末固定附著在圖樣上的方法，做出視覺上愉悅的圖像。他把這些圖像壓在玻璃下保存，有部分到現在還在，看起來就像是在車庫拍賣會上「一美元以下」盒子裡，發現的東西一樣。這些東西可以拿來做為很酷的「感謝」小禮物。一直要到一九三八年，承繼前兩世紀人研究成果的契斯特．卡爾森（Chester Carlson）利用利希滕貝格的發現，發展出靜電複印（xerography）的技術。

利希滕貝格對把精力專注在某件事情上的「不感興趣」（講白一點，就是他在拖），也有助於解釋他為何在科學史上相對籍籍無名。事實上，利希滕貝格在今日被世人記住的，不是他科學家的身分，而是格言家。從一七六五到一七九九年的三十四年間，利希滕貝格在他戲稱為「無用之書」的筆記本裡——這名稱取自十八世紀貿易商在把交易紀錄寫入較耐用的正式帳簿之前，會先行記在筆記小本子上——記下了他的觀察、俏皮話、短暫流行的事物以及尖銳的言論（「有人告訴我，任何時候他寫出了一篇評論，身體都會產生劇烈的勃起反應……」）。利希滕貝格在筆記本上寫滿了隨興漫遊的思緒，以及給自己的備忘錄。他從來沒想過要出版這筆記本裡的任何部分；然而，這卻是世人對他的印象。

他想告訴後人的所有主張，都建立在他「無用之書」裡，那些可讓他生理興奮的詼諧語——這些小冊子在他過世之後出版了。據說這些詼諧機智的小語，對後來散文家如蘇珊·桑塔格（Susan Sontag），以及路德維希·維根斯坦（Ludwig Wittgenstein）都產生影響；路德維希後來的警句格言挑戰了利希滕貝格的觀點。尼采、齊克果和叔本華也經常語多讚賞地引用他的「無用小書」。

但是利希滕貝格在世時出版的著作，以及那些讓他在當時受到矚目的科學研究、旅行散文和藝術評論，絕大多數都已遭遺忘。

格言警句其實很適合利希滕貝格的行事作風。這對拖拉者來說再理想不過了，吉光片羽不需要進一步的詮釋或是進一步的爭論。對於格言家來說，詳盡的闡述只會搞砸事情。跟利希滕貝格一樣，言論傾向簡短慧黠的維根斯坦說過，爭論只會破壞認知的美感。想要試著用證據來撐起一種見解，就像是一雙沾滿泥巴的手弄髒了一朵花。維根斯坦想要呈現的形象就是如此——最好就是保持原貌。

利希滕貝格勤奮地工作，卻從來不想讓人看見。我覺得他並不反對成就，只是認為成就唯有在某一種風格可以達到的前提之下，才值得去追求。他似乎在追求才智上的隨興灑脫，一種精心努力的淡漠粗心。如果你必須展示出你的作為，最後只會破壞不費心著墨的效果。

和維根斯坦相同，利希滕貝格藉助園藝的意象，來解釋他的工作。他把自己寫在「無用之書」的那些隨筆比作種籽，「如果它們落在適合的土壤裡，或許就可以長出篇章，甚至成長為完整的論文。」它們就跟種籽一樣，形體雖小卻蘊滿了可能性。它們有無窮的潛力。他在它們身上看見的不是影響深遠的成品，更可能是存在它們當中的重要性。

利希滕貝格的生活也是個矛盾的組合：他多方涉獵，對自己應該付出最多心力的地方卻再三躊躇；他認為微不足道無須公諸於世的作品，卻經得起時間的沖刷而影響深遠。它已然生根發芽。

在童話中，種籽長成豆莖，神奇地向上爬升穿過了雲層。它們通往危險之地，同時卻也通往著寶藏之處。當種籽神奇地伸展開來，通常代表了某個人的道德選擇以及後果。威利．羅曼[2]（Willy Loman）了無生趣的花園，就是他的絕望寫照。即使是《舊約聖經》裡，俄南（Onan）體外排精的舉動，也被視為是對族人的背叛。族人倚賴他的繁殖能力，好延續種族血脈。在當時的背景下，體外排精不是墮落，而是如犯罪般地不負責，這就跟耽擱拖延被責難是同樣的道理。

即使在察覺出拖延的必要，利希滕貝格仍然譴責了自己的拖延行為。他大半輩子身體都不健康，至少他是這麼認為的。有個觀察者稱他為「疑病症的哥倫布」，他自己也寫道：「我時常一連好幾個小時幻想著各種美妙的事物，有時候其他人還以為我非常忙碌。我覺得這行為的缺點，就是時間的損失。」不過這是必要的。他把自己的幻想稱為「奇幻治療」，並把這帶來的效用和做水療按摩或是泡湯相提並論。

利希滕貝格這類型的拖拉者，屬於在原本該做正事的當下做起別的事情時，往往就有很傑出的表現。他的「雜亂無章」正是他的天才的來源，雜亂無章就是它的種籽。

十八世紀有一段時間裡，德國和英國之間有一道途徑，主要是用來運送歐洲大陸的知識分子到英倫本島去，而英倫本島上的年輕貴族，也藉此到歐洲大陸就學。據說，時代巨輪轉進十九世紀之後，一種特殊的漢諾威式英語方言，在哥廷根相當

2 威利．羅曼（Willy Loman），舞台劇《推銷員之死》（*Death of a Salesman*）的主要人物。

普遍，有點像是如今我們可在全世界機場和凱悅連鎖酒店聽到的全球式英語的前身。

利希滕貝格在哥廷根大學的幾個年輕的學生，他們來自英國的名門貴族，都深深為這位教師折服，還安排他到英國參訪。祖先來自漢諾威的英王喬治三世也很欣賞這位教授，一來是因為彼此可用德文交談，二來也是因為利希滕貝格為宮廷帶來了些許莊嚴的學術味。利希滕貝格和國王一起參觀了位在里奇蒙的實驗室，兩人十分契合，喬治三世會隨興地直接前往利希滕貝格的寓所，希望和這位教授聊聊。

我決定到哥廷根參觀利希滕貝格的住所，從當地人口中多知道些事情。不過我有些擔心自己不靈光的德文。出發之前，我排了計畫讓自己上些德文課。所謂的「我排了計畫」，真正的意思是有段時間我告訴自己，或許得付費找個研究所學生做我的德文家教老師。但事實上，我根本沒付諸行動去找一位德文家教。相反的，我在網路上讀了一大堆關於學習第二語言對心理多麼有益的文章。這些文章領著我閱讀更多類似的東西，包括好幾篇躲在語言教學背後令人感到羞愧的憨慢，以及一篇關於美國人在歷史上對於外國語言感到憎惡的文章。（顯然，在一九二〇年代某段時間，內布拉斯加明文制定了一條法律：教授外國語言是違法的行為。）讀了所有這些文章，讓我都想要指責自己的同胞，即使我自己讀這些文章的目的，也不過是對上德文課的逃避。熟悉的拖拉動力發揮作用了：我花在閱讀這些「學習另一種語言的需要」文章的時間，免除了自己學習另一種語言的需要。

在學習德文上的失敗，使我停留在德國的短暫期間，活在無法理解他人的繭縛當中。從法蘭克福前往哥廷根的火車上，我聽著一連串德文廣播公告，什麼也沒聽懂，這種「聽不懂」湧出了令人驚異的自在感和一種妄想的感覺。德文有一種特性（當然，我知道錯誤其實出在自己身上），能讓我認為自己不斷被人吆喝、斥責。每一處火車站的廣播聽起來像是某種正式通知，告知自己即將因為某種不明罪名遭到逮捕。

我希望火車上沒有人會想試著跟我交談，車掌、查票員或甚至賣胡椒脆餅的小販都最好別靠近。我不覺得自己準備好跟人對話。我把大部分的車程時間，花在翻閱德文／英文常用語手冊，研究著哪些話該怎麼說，像是自己可能需要說：「我是美國人，最近的廁所在哪裡？」

火車窗外是歷史縈繞的德國鄉間景色，幾處地點綴著貨真價實的城堡。懷舊氣氛的風景讓人感覺有些迷失。比起我們家鄉通勤火車的笨重緩慢，這列火車更時髦、乾淨、快速，也更有未來感；然而我們前進的速度愈快，也就似乎愈朝向過往的時間奔馳，回到巴伐利亞「驕傲的亨利」（Henry the Proud）時期，回到奧圖一世（Otto the Great），回到遺忘甚久的怯懦加洛林王朝（Carolingian），這些過往怪異地與未來比鄰。

哥廷根這城市的歷史久遠。對像我這樣來自美國中西部的人來說，自二十世紀中期遺留下來的購物中心，就是我心目中對古老建築的定義，而眼前這城市簡直就是特洛伊城了。哥廷根在第二次世界大戰期間躲過了聯軍的炸彈攻擊，因此我們現今仍能走過這些十四世紀興建的屋宇和會堂。一堵曾經圍繞整座城鎮的中世紀城牆仍然沿著大道矗立著，如今這裡成為當地遊蕩分子聚集喝酒、威嚇行人的地點。這地方的年歲和四處可見外貌姣好的大學生騎著單車的組合，相當賞心悅目——至少我覺得這畫面很怡人。另一方面，利希滕貝格則是把哥廷根稱為「糟糕的洞穴」。我想，他倒也有權利如此小鼻子小眼睛的心胸狹窄，因為這裡是他的家鄉。利希滕貝格時常提到要搬到義大利去，那裡是他的好友伏打的家鄉，不過此事始終沒有下文。或許他因為不懂義大利文而沒啥信心。

利希滕貝格最終因自己對哥廷根的忠誠獲得了報酬：該市豎立許多他的紀念碑。位在六世紀之前建造的保林克栩教堂（Paulinerkirche）旁邊，有一座利希滕貝格坐在長凳上的雕像：他的兩條腿像小威廉・法蘭克・巴克利（William F. Buckley Jr.）交錯著，彷彿在和學生討論著什麼，也幾乎看不清他隱在馬尾假髮下的駝背。幾個街區之外的聖約翰尼斯教堂後方，也有一座五英尺高的利希滕貝格全身雕像，駝背也不甚顯眼。利希滕貝格的個子相當矮小，據說他用餐的時候得在椅子疊上幾本書，才能搆得到桌子。

哥廷根市民敬愛該市的科學家，至少現在是如此。一九三〇年代，納粹認定該市大學是不名譽的「猶太物理學」（例如務求精確的的空氣動力學領域就是在這裡誕生的）集中地，幾乎整個部門的教職員都不得不潛逃到美國和英國去。

今日，這城市許多街道的名稱取自於這些遭受到迫害的思想家，舊建築上有牌匾告訴人們，哪位知識分子曾經在此住過。

像我這樣拖很久才做旅行計畫的後果（也是拖延的代價）之一，就是等我真的到達目的地之後，我根本不知道該上哪兒去吃飯，或是該跟誰一起吃飯。我失去了事先計劃的機會。當我在下榻旅館旁的義大利餐廳獨自吃晚飯時，選了一個自以為是餐廳吧台區的位子。最後才發現這一間多功能包廂，是多數廚房員工用來休息抽菸的地方。等到我發現自己的錯誤時，已經尷尬到不敢開口要求換到另一個像是「真正」的餐廳座位，我得在這個眾所周知的非酒吧區硬撐下來。三不五時就會有個洗碗員工冒出來，到這裡抽根菸，同時納悶為什麼會有個美國人在他們的休息區吃飯。一整晚下來，我遇到最友善的一張臉，來自一隻好脾氣的短腿混種狗。當餐廳經理和他朋友聊天的時候，那條狗被留在「非酒吧區」裡，離我不遠。有一會兒時間，我用卡通裡的狗狗聲音和這動物聊得很開心，偷偷餵牠幾口開胃菜。廚房裡的員工似乎也認得這條狗，他們偶爾會走進來，拍拍牠、逗著牠，偎著牠。起先我覺得這畫面很可愛，直到想起這同一批人的手在狗毛上來回摸了幾遍之後，就要準備我下一道菜了。不過，這也不是問題。這條狗只會讓食物的品質更好。

我在停留期間根本不曾費心擠出任何德文（部分原因是自己的無能，部分是我遇見的多數德國人說的英文比我還好），不過我記得自己某個早上，在市中心的農夫市集閒逛，順便找機會跟當地人說說話。我想要談談利希滕貝格，但當我好不容易抓住機會、成功和當地人攀談，他們卻只想問我大衛・福斯特・華萊士（David Foster Wallace）或是美國的政治，用任何語言來談這兩個主題都能令人頭昏眼花。

我的不擅社交似乎也助長了這情勢。利希滕貝格自己也說，他覺得觀察人性要比參與其中更能讓他感覺自在許多。他說，他從自己房間俯瞰哥廷根的街道時，若看到熟人映入眼簾，可以立即從窗戶退開，省下彼此得跟對方打招呼致意的尷尬。

在英國，利希滕貝格在一封信中，告訴威廉・赫雪爾爵士（William Herschel），他會避開小餐館和舞會等社交場合，而把時間花在教堂塔樓上，「帶著望遠鏡」和熙來攘往的場景隔一段距離，專心觀察著。

利希滕貝格的戒心屬於拖延的一部分，他的猶豫搖擺也是如此。冷靜、情緒的疏離和拒絕承諾，都讓我們從「採取行動」的需要中解脫。在利希滕貝格身上，同時可以看見浪漫的本質和科學的客觀。他既是夢想家也是經驗主義者。這就難怪他有時候不知道自己該做什麼了。

我們大多數人也有相似的混雜、分歧和衝突：老虎與羔羊、英雄和蠢蛋、蝙蝠俠和布魯斯．韋恩。（《羅茲．雀斯特》（*Roz Chast*）雜誌的封面標題「心靈和身體的問題」：一個消沉寡歡的人癱在沙發上。他的心靈在對話框裡說出了心聲：「起來。」身體說：「不要。」）

我們本性當中的許多面，有時候需要一番爭鬥才能決定誰勝出，當爭戰正熾時，我們除了拖著不做決定，什麼也不能做。

我可以理解，利希滕貝格在自己的家鄉哥廷根如此被人敬重的原因。而我沒預料到的，是他在美國喬治亞州離亞特蘭大南方一個小時車程的紐南市（Newnan）也很受歡迎。紐南市是「利希滕貝格協會」的世界總部，一小撮拖拉者會固定聚會來紀念利希滕貝格，以及他一貫的躊躇猶豫。紐南市也是這協會創辦人戴爾・萊爾斯（Dale Lyles）的家鄉，他是退休教師和社區劇院的導演。

戴爾住在紐南市法院廣場幾個街區之外一條靜巷中的美麗木造平房裡。立在法院廣場上的不是利希滕貝格雕像，而是不可或缺的站崗南軍士兵。戴爾的房子後院裡有他幾年前親力建造的迷宮，他那時原本該做的事是寫一齣歌劇。戴爾從來就沒打算坐下來寫這齣歌劇。相反的，他把所有精力花在建造後院的迷宮、緊鄰的營火坑和一座綠蔭花園。如今，整個後院相當舒適、滿覆蕨類，很適合端著一杯雞尾酒在此消磨春日傍晚。我們稍後會談到歌劇的。

幾年前，戴爾和他的朋友們就是在這後院裡，成立了「利希滕貝格協會」。那時，他和幾個城裡的朋友辦了派對，慶祝冬至，這理由和其他慶祝派對的理由同樣理直氣壯。這是一群頗富創意和想像力的人：作曲家、藝術家、演員和一個職業小丑。在十二月的那次聚會中，在他們慣常在爐火邊認真討論藝術、哲學和文學評論的雞尾酒時光裡，某個人引用了利希滕貝格一句格言：「去做相反的事也是一種模仿。」戴爾之前從來沒聽說過利希滕貝格的名字，但是他喜歡這格言聽起來的語調。因此他在維基百科查了利希滕貝格，得知利希滕貝格是個有創造力的半調子專家，求知慾很強，隨時準備讓好奇心帶著自己從一個學科領域跳到另一個去。這樣一號人物可讓戴爾和他的夥伴大感共鳴。然後，他又讀到這一段：「利希滕貝格做事習慣耽擱和延遲。」

戴爾跟他的朋友原本就是充滿各種想法、卻很少真正付諸實行的一群人，很清楚延遲拖拉是怎麼回事。這是他們的煩惱，卻也是他們的祕密喜悅。那一晚，戴爾提出創立一個協會來紀念利希滕貝格的點子，向這位拖拉者的啟蒙典範致敬。他們開始解決各種細節。協會會選出幹事以及不定期的聚會，會有章程宣言，會有雞尾酒。

他們在一星期內（對拖拉者來說，這速度已經很了不起了）成立了「利希滕貝格協會」，也決定了協會的座右銘：Cras melior est.

明天會更好。

為了記取利希滕貝格計劃寫《棄兒湯姆．瓊斯》風格小說的失敗，每一位協會創辦成員宣示，各自要寫出幾頁粗鄙流浪漢的小說，做為協會的第一次出擊。但也就只能寫幾頁而已。沒人想要在這一件事上顯得過於志在必得。

令人驚訝的是，每個「利希滕貝格協會」成員都把諾言發揮得淋漓盡致。協會新進選出的格言警句家馬克．霍尼（Marc Honea），就寫了一章小說，不只模仿菲爾丁造作的喬治亞散文風格，也把另一個湯姆．瓊斯（威爾斯流行歌手）的歌曲〈並非不尋常〉（*It's Not Unusual*）裡的歌詞也寫了進去。

在我進行研究所遇見的人當中，戴爾．萊爾斯算是輕鬆奪下了「最能容忍推遲耽擱」的頭銜。事實上，他真的最有資格領一張「好人卡」。我初次跟戴爾・萊爾斯通電話時，他正在替剛搬來的新鄰居烤玉米脆片，我們的談話打斷了整件事情。這親切的舉動讓我留下深刻的印象，但我沒想到接下來會出現更多親善之舉。戴爾不僅邀請我到紐南市見面聊聊，也提議舉辦「利希滕貝格協會」的臨時會，只單純為了我的造訪。這次的聚會在戴爾陰涼安靜的後院舉行。他架起了可觀的移動型酒吧，還升起了溫暖的營火。「利希滕貝格協會」的會員個個都是熱情的主人。

協會存在的目的，一半在於鼓勵會員追求創意，另一半也鼓勵他們做事慢慢來，延遲耽擱不是一件壞事。這兩個方向乍看之下彼此衝突，但同時間，卻也有某種利希滕貝格風格的邏輯運作著。舉例來說，戴爾美麗的後院迷宮，就是他把應該花在寫歌劇樂譜的時間，拿來用在這裡的產物。後來，當他應該寫一齣南西・威拉德（Nancy Willard）的童書《歡迎光臨威廉・布萊克酒館》（*A Visit to William Blake's Inn*）舞台劇配樂時，他卻把時間用來寫自己很早以前就該寫出來的歌劇。這齣歌劇後來的結果也平淡無奇。他帶著歌劇參加德國的競賽，沒有贏得任何獎項。但話說回來，戴爾說當自己終於開始動筆寫《歡迎光臨威廉·布萊克酒館》的配樂時，自己身為管絃樂演奏家的自信也逐步增加。

「這個笑點就在於，逃避任務其實不是壞事，如果有更多的藝術家在把自己的作品強加到他人身上之前停下來，這世界就會變得更好一些。」那天晚上和其他「利希滕貝格協會」會員坐在營火邊，戴爾這麼告訴我。但是這裡的例子可以證明，逃避任務，也可以等同接受任務。

當我回憶那一晚，記起的是懸浮在戴爾後院的祈禱旗與和諧的鐘聲。戴爾才又遞給我第二杯波本混白蘭地利口雞尾酒。我很高興能躺回椅子，聽著這些會員談論著教育、藝術和糟糕的藝術，以及幸福是不是一個值得追求的個人目標。「利希滕貝格協會」並不只是一票懶人的組合而已。它也需要會員在某種程度的配合。根據協會的章程：「我們期望，會員在某個時間照著名冊順序或是提前交出一件創意作品。」但它也要求會員不應該被任務弄到焦頭爛額。「以『協會之名』的精神，我們不要求（事實上或者該說，不鼓勵）任務一定要完成、完美或是成功。」

對一個「利希滕貝格協會」會員來說，拖磨、延遲和猶豫都是創意過程中的一部分。戴爾注意到，拖著一件事情不做，通常意味著去做另一件事情。他也注意到，這未獲得認可的第二件事，時常會比應該要做的正事，來得更值得投入注意力。按照這邏輯，如果你瞇著眼睛努力看，可能會看見拖延也是成就的一種活化劑。受到這邏輯鼓舞的戴爾，開始著手寫一本關於這矛盾荒謬想法的書。

這樣的主動積極，有可能讓他受到協會的嚴厲批評呢。

·

有鑑於延遲和耽擱幾乎是全世界的習性，各地的拖拉族群也想要成立自己的協會，也就不令人意外了。正因為拖拉者似乎喜愛某些老掉牙的笑話，我們時常可以看到他們的聚會宣傳單上寫著：拖拉俱樂部的聚會「延期」到明天。

一些這類的團體會以像是如「匿名戒酒會」等贊助組織為典範，他們試著幫助拖拉者克服自身的習性。其他的團體則是毫無愧疚地慶祝延遲和耽擱，例如一九五六年由廣告總監雷斯・華斯（Les Waas）在費城創立的「美國拖拉族俱樂部」（Procrastinators'Club of America）。二〇一六年去世的華斯以寫商業廣告歌曲為職，譜寫了近一千首歌曲，服務的客戶包括假日酒店和福特汽車公司。現在還聽得到的作品，是他為「富豪雪糕」冰淇淋卡車譜寫的廣告歌。每到夏天，當這家公司的冰淇淋卡車在全國五十州的大街小巷裡緩慢前進時，仍然會播放著這首歌。（《牛津汽車音樂研究手冊》第二冊上寫著：「最知名的冰淇淋卡車歌。」）

華斯成立這拖拉族俱樂部的初衷本是一場惡作劇。他在費城一間頗受記者歡迎的旅館裡，架起一面告示，宣布「拖拉族俱樂部」的聚會要延期。媒體都想要知道這俱樂部的細節，讓華斯覺得自己有義務要成立這俱樂部。他的正式職銜為代理主席，從來沒有升上正式的主席職位。他總是解釋說，這是因為委員會在一九五七年選俱樂部常設主席時，並沒有考慮到這一點。

華斯頻繁地為俱樂部會員舉辦各種戶外郊遊活動。這些短期活動幾乎總是過了預定的時間很久之後才實現。一九六五年末的一次短途旅行裡，他們去了紐約世界博覽會，但不幸的是博覽會在十八個月之前就已落幕了。一九六〇年代晚期，華斯和俱樂部成員組織了反戰抗議遊行，後來才知道，他們是針對一八一二年的第二次獨立戰爭出聲抗議。華斯認為這些抗議很成功，因為正如他告訴一位記者：「戰爭現在已結束了啊。」

華斯的「拖拉族俱樂部」和戴爾的「利希滕貝格協會」，都建立在同樣的滑稽和要暗中顛覆傳統價值（如準時、效率、忙碌）的基準上。在「利希滕貝格協會」的年會上，會員要列出自己對於來年的創意目標，以及前一年目標的進度檢討。如果有某個會員贏得太多認可，或是符合太多傳統的成功標準，他就會受到嚴厲譴責。

從某種意義看來，延遲和耽擱是一個玩笑：你應該做某件事情，卻不去做；或是你不在預定的時間裡，做你應該做的事情；或是你不做該做的正事，反倒去做其他的事。這是喜劇啊。這就跟在葬禮上大笑可以變得很搞笑是同樣的理由，因為這舉動不恰當得可笑。

另一方面，拖延和耽擱也幾乎是我們所能想像得到最嚴肅的事情。我們只有這麼一點時間可以運用。浪費它，有一天我們會發現，自己納悶著時間都流到哪去了。這可是嚴肅的重要事，重大到我們得嘲弄它，讓自己從整個正經八百的嚴肅氛圍脫身。我們恍然大悟，自己的生活就是一連串「片刻」的堆疊，直到我們用完了所有片刻為止。這種推算讓我們心情沉重起來，知道自己一定得面對處理它。但我們是拖拉者啊，這種對質可以等一會兒，沒關係的。

有很多方式可以合理化拖延耽擱的行為：它可以是對專橫權威的反抗警告，或是對全球資本主義體系盛行的批判。對於像德昆西或是王爾德這類的作家來說，拖延行為是個人風格的元素之一。

作家或許是世界上最固執的拖拉者了，這聽來其實有些怪異，因為在他們從事的這行業裡，「期限」照理來說是神聖不可侵犯的。作家道格拉斯．亞當斯（Douglas

Adams）說過：「我喜歡截稿期限。我喜歡日子飛逝而過時發出的咻咻聲。」而當他在二〇〇一年過世時，距離他最後一本書的截稿日期已經遲了十二年。

作家為自己的懶散拖遲找理由的能力，可說是無與倫比。我們可曾有人聽過「會計師瓶頸」？你的修車師傅會告訴你，他開始工作之前需要先到海邊走走、洗滌心靈嗎？就算是所謂創意行為當中的老招數「來回踱步」，也是延遲的一種。我以前認為自己在踱步時也在叫喚重要的靈感和想法，藉著身體的走動，讓自己的內心一同動起來。但是或許這些來回不停的乒乒乓乓，只是顯出自己心靈搖擺舉棋不定的幻象：我到底是該坐在這裡或那裡？要寫這個或是那個？我真應該就當個作家嗎？或許我還是有其他維生的方式，不需要盯著白紙和不斷閃爍的游標。

威廉·賈斯（William Gass）花了三十年，完成小說《隧道》（*The Tunnel*）。里爾克（Rilke）努力奮戰，撐過第一次世界大戰和自己嚴重的憂鬱症，耗費十年才完成了巨著《杜伊諾哀歌》（*Duino Elegies*）。我可不是試著把自己和這些大師級人物比較。里爾克的創作主題，是本體論的痛苦和存在的折磨。我則是為《GQ》

雜誌介紹關於開襟毛衣的七百個字奮戰著。但是里爾克知道有些工作必須要依靠間接的方式完成。「我時常問自己，那些我們被迫工作的日子到底是不是只是我們在艱困的活動裡，掙扎前進的日子。」他在自己應該在做正事的時間裡，反而寫了一封這樣的信。「我們的所作所為到了後來，會不會不只是某個在我們毫無作為的日子裡，發生的重大舉動的反饋而已。」

這正是每個拖拉者必定要學會的神奇思緒。無所作為並不真的是沒有作為，而是一種看不見的萌動，在後來引領我們到某個有用處的結果。沒錯，我想我可以把這天的時間花在自己的本分上，做自己應該要做的事情。但是如果我把這時間用來清理抽屜，誰知道可能會帶來什麼神奇的結果呢？我真的可以一整天都只用來工作嗎？

有些拖拉者把自己這壞習慣，推給完美主義作祟，或是害怕失敗的心理。他們的想法是他們得要確認自己可以把事情完全做好，才能動手做事。我們許多人被困在對自己能力不足的認知中，進退不得。喬治．艾略特（George Eliot）的小說《米德鎮的春天》（*Middlemarch*）裡，迂腐老學究卡蘇彭先生沒辦法讓自己從費力辛苦的準備工作中停下來，真正投入到自己最佳作品的寫作裡。從他的作品名稱《讀懂所有神話學的關鍵》（*Key to All Mythologies*）看來，讀者只能感激他當時的猶豫和遲疑。

卡蘇彭是個荒謬的角色，這或許也是另一種方式來告訴人們，他代表了我們許多人。他習慣性地躲避（既是自我保護，也是自毀行為），是多數拖拉者能夠理解的事情。他的創作者一定也很明白這種行為。艾略特被看待成做事溫吞拖拉的藝術女傑。她一直到了三十多歲才開始寫小說，甚至還得靠著朋友的催促才朝寫作一途前進。

但是提到文學裡的優柔寡斷，沒有人要比哈姆雷特來得更茫然，他可說是今日那些耽擱著前途不決的大學生們仿效的學生王子和老祖宗（許多學生拖到最後一分鐘才動筆寫英文報告，題目還偏巧是「哈姆雷特的拖遲」，豈不是很應景？）對哈姆雷特而言，如果把為家人復仇的老式規則拿來當拖延的理由就已足夠，他對於父親過世的反應，應該會更快速、更直覺。但是哈姆雷特屬於新種類的存在主義英雄，這表示在他能夠做自己該做的事情（如殺掉國王）之前，他得先煩惱自己是誰、煩惱自己存在的目的，以及永恆的謎團等問題。所有這一切帶來的麻煩，也使得他成為我們其中之一。他因自己的自由意志、自己的選擇、自己的衝動而煩亂。

研究者說，拖延和耽擱只是衝動的一種變化，在慾望和衝動管理上的失敗。如果此話不假，哈姆雷特的拖延也只是他殺掉波洛尼厄斯（Polonius）的魯莽決定的另一面罷了。另一方面，數百年來，多少人分析了哈姆雷特的拖延，但這真的還需要解釋嗎？畢竟他對要不要殺了叔叔猶豫不決，也不是多奇怪。如果他真的急匆匆地去殺害一條人命而不帶任何懊悔，才真的讓人覺得奇怪和震驚吧。就演一場戲和完成一項困難的決定等層面來說，哈姆雷特覺得：行動是不可靠的。行動意味著要演出、要假裝。在這邏輯上，行動意味著不真實。無所作為和延遲耽擱，更有可能涵蓋真實。使哈姆雷特惱怒的尚武榮譽精神，碰上矛盾心理、良心或反省時，根本毫無用處。就跟泰勒主義一樣，行動絕對會堅持強調「一個最好的方式」。

我走上拖拉者的起點就跟多數人一樣。小時候我會不斷拖延自己該負責的家事，像是整理房間、除去院子的雜草、把垃圾拿出去等等。一個會拖延家事的孩子，耽擱的不只是做家事。藉著趕走負責任的生活，他也延長了自己的童年。星期六早上，在自己應該整理床鋪的時候，我看著電視裡的卡通。威利狼（Wile E. Coyote）正無止盡地追著嗶嗶鳥（Road Runner）。就算是在當下，我能感覺到「永遠沒有盡頭的追逐」、「不可能實現的夢想」和「不可能完成的任務」等概念帶著某種令人心碎的意味。威利狼身上有某種英雄的特質。我明白，他也有愚蠢的地方。我們不可能否認，當一個卡通角色為了看清楚堆放火藥的小屋暗處而點燃火柴，結果讓自己被炸上天空，這個角色肯定很愚蠢。但是他愚蠢的事實並無法抵銷他的英雄氣概，即使是他站在墜落巨石的正下方，得設法離開懸崖的場景也一樣。

星期六早上的卡通，是我和「過程」裡的浪漫情懷的首次會面。想要「準備做」

某件事情，意思就是無窮盡地處在「成為」的過程中。可能性是永遠不會耗盡的。我猜，除了當徹頭徹尾的笨蛋之外，這就是讓威利狼成為傳奇英雄的原因。任何一種過程的剛開始，可能是最令人氣餒的時刻，但也是最充滿希望的時候。這也是我們感受到無限可能。想到自己要寫某個很糟糕的事情，就足以讓一個作家癱在那裡動彈不得。他們畏懼失敗。好消息是，只要作品還在成形，一切就有可能變得美好——凡事皆有可能。這也是拖拉者不喜歡完成自己的工作或案子的一項原因。只要他們還持續在案子上努力，他們仍然能期盼達到完美。案子一旦完成了，它就變成是由某個不完美的創作者，做出的一樣立意良善（卻偏向失敗）的結果。早期基督教靈知派大師巴希理德（Basilides）認為，「存在」本身是毀壞的一種形式，唯有不存在才可以宣稱完美。這麼說來，要讓某件事物成為實體，就得先毀掉它。（這或許解釋了當自己從地鐵站走回家的路上湧出的靈感，最後在自己回到家、寫下來之後，卻變得毫無任何靈妙可言。）

所以說，拖拉者想要延長過程。他想要推遲故事的高潮，因為他真正的意圖不是要達到設定的目標，而是要繼續尋求。當某個長久以來的夢想實現之後，只會耗盡可能性，框住了界線。

只要過程持續，任何事情都可能發生。過程的浪漫情懷指向了永恆。濟慈（Keats）的《希臘古甕頌》（*Ode on a Grecian Urn*）當中的愛侶恆久存在，也總是維持著即將親吻的姿勢，這才是終極的推遲，過程的浪漫情懷在藝術的永恆中冰封凍結。「雖然接近了目標，但你也別悲傷。」詩人如此告訴這對愛侶。他們的未來，永無止盡。

我拜訪喬治亞州紐南市的那一晚，和戴爾．萊爾斯分享了自己對於過程以及那只希臘古甕的看法。晚餐佐餐的美酒也幫上了忙。戴爾帶我到一家名為「見面會」（Meat N Greet）的漢堡店。我在那裡喝了些酒，如果沒記錯的話，我喝的是他們的招牌雞尾酒「五月臭味」（Stinko de Mayo）。接著，我們走過紐南市鎮中心，在法院廣場上停下，打量著邦聯士兵紀念碑和一塊紀念一八六四年在紐南市外發生的「布朗磨坊戰役」（Battle of Brown's Mill）的碑石。這場戰役是由北方美利堅合眾國軍隊發動的突襲，冀望攻佔附近的安德森維爾監獄，解放約三萬名被南方美利堅聯盟國軍隊殘忍囚禁的囚犯。但突襲失敗，美利堅合眾國軍隊受挫，叛亂分子在布朗磨坊贏得勝利。結果又有一批一千三百名的美利堅合眾國的囚犯登上了安德森維爾監獄的名冊。

安德森維爾最常被詞源學援用的是「死線」（deadline）這個字。這個字最先是指一處標注記號的圍欄，只要有任何囚犯冒險越過，就難逃被射殺的命運。今日，這個字用來指涉不同的意思，但是對拖拉者來說，它駭人的威力照樣不減。美國內戰也造就了歷史上最偉大的拖拉者之一，就是北軍將領（也是惡名昭彰的慢郎中）喬治·麥克萊倫（George McClellan）。在擔任北方聯邦軍隊將領不到一年的時間裡，麥克萊倫對於「準備」和「規劃」表現出了近乎宗教般的虔誠。事實上，他一而再再而三的準備和計劃，使得他經常沒時間去做他在準備和規劃的事情。他並不情願和敵人正面作戰，這一點惹惱了他的同僚。他的同事亨利・哈勒克（Henry Halleck）就文謅謅地怒道：「這裡的僵化靜止比任何人懷孕的時間還長，需要阿基米德的槓桿才能把這打死不動的東西移開。」林肯總統說的則簡潔許多，他說麥克萊倫得了一種「遲緩症」。

問題不在於麥克萊倫的軍隊什麼事也沒做。而在於他們什麼事情都做了，就是沒做林肯要他們做的事，也就是攻打敵人。總是還有更多的偵察要進行，更多的訓練要實施，更多的列隊行進要舉行。就跟許許多多偉大的將軍一樣，麥克萊倫是個完美主義者和控制狂。但在這個情況裡，完美主義似乎蒙上一股不安全感，一股對自己能力的內在懷疑。結果變成無止盡的補強、調整、再考慮和重新開始。他過分精細的準備工作，和學童一絲不苟地削著鉛筆好逃避寫報告，是同樣的軍事化。

這讓我記起來自己留在喬治亞州期間，夾在所有邦聯士兵的紀念碑之間，自己對於拖延的偏執，使得關於內戰的所有事情似乎都屬於不合時宜的心理層面：一個延遲的決定（我這裡想的是，美國對於奴隸制度這個根本性、連國家的創始者都不太能處理的問題）、一個國家被撕裂成兩半的矛盾政治、整個國家悲劇性的自毀行為衝動被釋放。我們可以把這場戰爭視為拖延所付出的代價——因為沒能及時處理一個問題，為整個國家帶來更大的麻煩。

·

當我和戴爾繞著紐南市中心廣場時，聊到了拖拉者合理化自己習性的能力。麥克萊倫不把自己視為拖拉者，而是把自己看成謹慎小心的人。平心而言，一個要為成千上萬士兵性命負責的人，其過多的謹慎和準備是可以理解的。麥克萊倫一輩子都義正詞嚴地為自己和在戰場上的猶豫辯護，即使是在一八六四年和前任老闆林肯競爭總統一職時也如此。但事實上，他正是自我防衛型的拖拉者的最佳例子，他們在「相信自己在未來某一時刻，會更有能力處理任何個別的挑戰」的想法裡找到安慰。也就是說，至少在他內心裡，他從來就不拖延。

另一方面，利希滕貝格從來不曾去掌握任何事情，而是告誡整個聽堂的觀眾。

他承受得起懶散懈怠，但他也對自己放任機會的流逝感到懊惱。利希滕貝格也是思慮周密之輩，他總是計劃著遠大的事情，卻不曾真正的落實，例如那本他要「把所有事情」帶進那個以流浪漢為題材的小說。因此，利希滕貝格立刻跟從自己的好奇心，到它指引的任何方向去。這種結果很可能既混亂且令人困惑（去讀讀他的筆記），但也可能頗有見識（同樣的，去讀讀他的筆記）。

利希滕貝格承認自己的方法很乖僻，就當時傳統的科學標準來看，也是失敗的。這也就是為什麼在他生命晚期，總結自己的職場生涯時，說：「我走到科學的方式，就像是跟著主人外出散步的狗一樣，來來回回地走一百遍，等我終於抵達時已經累壞了。」

但即使是這自有某種謙卑魅力的「承認失敗」表現，也是利希滕貝格式勝利的證明。戴爾．萊爾斯和他的朋友在利希滕貝格身上發現的，就跟其他許多人發現的一樣：才智、多疑、優雅等無法和他拖遲習性分隔開來的特質。

「我得弄清楚，這個利希滕貝格的同好到底是何方神聖。」當我詢問戴爾成立這協會的動機時，他這麼告訴我。

這肯定也是拖拉者為何拖延的另一個原因。我們會拖延，是因為我們明白自己的耽擱，不知怎麼的會連結到其他和我們相似的人。這樣子一來，我們的「無作為」就轉變成一種「有作為」。

我有想過自己之前飛到德國，以及後來到喬治亞州拜訪戴爾．萊爾斯，其實是巧妙地閃避了那些等著自己完成的現實工作。但是當我從亞特蘭大坐上回家的飛機時，心裡已經開始計畫下一次的旅程了。此外，從達美2350航班11D座位俯瞰出去的角度，竟然比利希滕貝格未曾登上的熱氣球還高還遠，我記起自己拖延的方式甚至都還不算正確呢。我像某個拚命三郎，把轉移注意力的旅行計畫一項項檢核打勾。在試著逃避某項工作時，自己實際上也在完成其他的工作。當某項工作或任務的目的是要有所拖延時，即使是拖拉者，也可以擁有任務導向的積極性。

7.

把我牢牢綁在桅杆上

-

因此，把我綁在船桅的橫桿之上；

在我挺直站起時，緊緊把我綁牢，絕無可能掙脫，

任繩子末端重重擊打著船桅。

如果我哀求祈禱你還我自由，就請把我綁得更加牢固。

—荷馬《奧德賽第七冊》

至少對我來說，所有的道路似乎都通向拖延一途。某天我開車行經賓夕法尼亞州西側時，這句陳腔濫調真的一字不差地發生了：我迷路了。

我到賓夕法尼亞州尋找「落水山莊」（Fallingwater）。這棟位在匹茲堡南方荒野的建築，是百貨業富豪艾德加・考夫曼（Edgar Kaufmann）委請法蘭克・洛伊・萊特（Frank Lloyd Wright）設計的週末度假別墅。落水山莊名列建築迷敬重的建築之一。我從來就不屬於這類事物的粉絲，不過我明白那種一生中一定要到該地朝聖一次的渴望。到落水山莊參觀，就像一趟朝聖之旅，因為它座落在荒郊野外的三不管地帶。儘管不需要心靈上的承諾，但到那裡至少需要某種意志力，才能在丘陵起伏、衛星定位無用武之地的情況下，仍堅定地穿梭在鄉間僻路之上。在這多山的崎嶇鄉間，你會看見一大堆住家，前院擺著十誡律法石板的復刻品（我假設它們是複製品啦），當作草坪上的裝飾。

落水山莊位在月桂山脊緩坡一側、長滿砂岩和杜鵑花的盆地上，月桂山脈隸屬於殖民時代擋住美國領土往西擴張的連綿山系中，最西側的皺褶之一。我駕車經過這些丘陵谷地前往落水山莊時，便能夠理解，對一個試著載送貨物到市場販賣的十八世紀農夫來說，這罕無人跡的荒野，看起來根本就是無可踰越。

這些窪地和皺岩讓人感覺迷茫。而開車時沉湎在十八世紀農產品運送狀況的想像，肯定對事情也沒有多少幫助，因為我讓自己淪落到徹徹底底的迷路歧途。

我開著車子四處繞圈子的時候，心裡想著，延遲耽擱其實也是一種迷失。它屬於一種短暫性的迷失，而我在那當下經歷的則是地理空間的迷失，完全分不清東南西北。我猜，這當中的差異，在於拖拉者「選擇」迷失。延遲和耽擱真的算是一種時間旅行，我們透過把「具體的現在」該做的事情，移到「抽象的未來」再做的企圖，來操弄時間。我自己的延遲之旅，同時包含了時間旅行和平凡老式的地域旅行，不過自己此刻在時間上的短暫迷失，比起在地理上的方向迷失，程度可差遠了。我完全搞不清楚自己身在何處。

一直到我在必勝客停下來問路（那間頗具異國風的舞廳兼防曬中心關門了）的時候，才發現自己離目的地落水山莊如此之近，距離廢棄的必需堡（Fort Necessity）也不遠。這座比萊特設計的房子更顯天然簡陋的殖民時期園場，就在十二英里之外，在將近兩百年之後的現在，它以自己的方式顯出其重要性。一七五四年，英國和法國兩軍，就在相當靠近必需堡的地方，掀起後來涵蓋全球衝突的交鋒戰役，這場歷時七年的戰爭就稱為「英法七年戰爭」。根據我的中學歷史課本，這次衝突是由維吉尼亞省義勇軍裡，一位二十二歲的喬治華盛頓中校所引發的；他在該年稍早的時候，被英屬維吉尼亞省的統治者派任，把法國軍隊趕出俄亥俄河上游，也就是現今的匹茲堡一帶。如同我在尋找落水山莊時所體會到的，英法兩軍都明白要穿過這崇山峻嶺有多困難，因此兩方都想要控制水道，從內陸迅速通過。在他們往匹茲堡前進的路途上，為了替英國確保河邊駐紮地和殖民地的安全，華盛頓的義勇軍突襲一支法國小隊，殺了指揮官和十三名士兵——或者如法國人的說法，謀殺了這些人。戰爭爆發。

華盛頓其實搞砸了那一次的行動。他成為陸軍司令的聲譽是在後來的獨立戰爭中，帶領大陸軍（Continental Army）建立起來的。然而，華盛頓在那場戰爭中最重大的成就之一，有部分要歸功於對手的拖延。在賓夕法尼亞州西側埋伏法國軍隊的十二年之後，華盛頓在紐澤西州又發動了另一次較為成功的突襲，時間就在聖誕夜。這一次，他為新近宣告獨立的美利堅合眾國打仗，但結果仍然不順遂。他的軍隊受到重擊，眼看就要潰散。華盛頓急需一次勝利來支撐下去，因此把一切全押在一場奇襲上，士兵趁著月夜划小船橫過達拉瓦河。不知怎麼的，計畫成功了。敵方黑森傭兵隨後在翠登戰役的潰敗，再度燃起了愛國者成員的希望，華盛頓也確保了自己在歷史偉大軍事將領中占有一席之地。黑森傭兵指揮官約翰・拉爾（Johann Rall）在職務上的能力不足，也讓華盛頓的勝利來得更為容易一些。據說拉爾在聖誕夜玩橋牌時收到一張紙條，上頭說明當地的效忠派親眼看見華盛頓的軍隊已在接近中。拉爾不想打斷玩到一半的牌局，直接把紙條收進口袋裡，打算晚一點再看。

既然我現在開始關注拖延行為，可以說，我到哪都能夠發現它的蹤跡，就算是教科書裡的美國歷史也一樣。話題拉回落水山莊。

據說落水山莊的導遊多年來告訴前來參觀的人，房子底下的土地有一度屬於華盛頓。可惜沒有證據可以支持這說法。考夫曼在一九一六年買下這塊地，為自家百貨公司的員工蓋了夏令營，一直運作到一九三〇年代。從一張在一九二〇年代拍攝的照片中，我們可以看見穿著連身泳衣的員工們在熊奔溪（Bear Run）底下的瀑布游泳。由如今看來是懸空的山莊建築俯瞰，可以清楚辨識華盛頓可能一度跋涉而過的同樣土地、瀑布、岩石和河床。

（等到必勝客裡的好心人指示我，走上正確的道路之後，）我來到這裡尋找落水山莊，就因為萊特這個有時被視為偉大的拖拉者，是另一個創造歷史的成功者。萊特之所以會被人視為懶散，是因為他在建造落水山莊時發生的一些軼聞。他拖延建造落水山莊進度的故事不斷被人轉述，使得整件事看起來根本是杜撰的，聽起來好到不可能是真的。考夫曼請求萊特，在沿著熊奔溪某段有瀑布的區域，為他和家人蓋一棟度假屋。萊特答應了。他接下來花了九個月，做著看不到任何具體進度的設計工作。據說，萊特持續著這種休止的狀態，直到考夫曼某日石破天驚地宣布要到他的工作室，來看看他承諾許久卻始終沒看見的房屋設計圖。考夫曼的嚇唬成功了，萊特這下不得不加快速度。一名為萊特工作的實習生艾德加．泰費爾（Edgar Tafel），在他的《為法蘭克萊特工作的那些年》（*Years With Frank Lloyd Wright*）中寫道：聽見客戶的期待之後，「他機靈地從他的辦公室探頭出來……回到擺好平面配置圖的桌旁坐下來，開始動手畫圖……整個設計就這樣源源不絕地出現了。『莉莉安和艾德加將會在陽台上喝咖啡……他們也能走過橋進入林子裡去……』他用鉛筆繪圖的速度，就跟我們削鉛筆的速度一樣快……塗改、一筆一筆地用力描繪、修改。一頁頁的紙張來回地被翻開。接著，橫過紙張下方是醒目的標題『落水山莊』。一棟屋子一定得有自己的名字。」泰費爾計算，整個過程花了大約兩小時。

我不知道這樣的時間數字是合理的或者該給予掌聲鼓勵，因為它最後創造出一個後來站上美國建築史巔峰之作的設計。這引來了一個問題：萊特為什麼就不爽快地做他早就該做的事？

再說，萊特當時的創作也不是樣樣順心、毫不費力。在考夫曼委任他建造週末度假屋的時候，萊特的名聲已滑落到風光不再的地步。儘管萊特在該世紀初期爬上了卓越頂峰，但現下的他已經算是過氣了。評論家譏諷他，一九三二年現代美術博物館舉行的建築指標展覽，基本上忽略了萊特，轉而擁抱包括路德維希·密斯·凡德羅（Mies van der Rohe）、沃爾特·格羅佩斯（Gropius）和柯比意（Le Corbusier）等歐洲現代派掀起的新浪潮。萊特位在威斯康辛西南部的家鄉兼工作室塔列辛（Taliesin），來到了喪失抵押品贖回權的交叉點。經濟大蕭條更是大大減少了住宅建築師的新委託案，沒什麼人有心思建造時髦的新家。對此刻的萊特來說，落水山莊的案子是個應該把握的大好機會，一個可以風風光光、強勢回歸的天賜良機。唯一可以解釋萊特這九個月沒有在落水山莊的案子上費心著墨的理由，就是拖拉者故意做對的邏輯思考——在這樣的情況下唯一可以做的事情，就是什麼也不做。

·

就現代性和經典立體主義的展現來看，萊特賦予落水山莊設計上的永恆，很可能是最令人稱道的。原本考夫曼期待萊特幫自己在熊奔溪沿岸設計一棟週末度假別墅，在瀑布稍微下游的位置，好讓他可以有個地方欣賞這瀑布。相反的，萊特把房子的位置蓋在瀑布之上，就像是漂浮在瀑布正上方。房子被基岩和流水圍繞包覆，彷彿要讓自己成為這永恆風景中的元素。事實是，這棟屋子吸納了風景，創造出一種永恆的氛圍、一種屬於這片土地的氛圍，也是其他建築物無法真正與之比擬的境界。任何建築到頭來都會傾頹。落水山莊在一九九〇年代差點倒塌，必須找來結構工程師把房子支撐住。所謂的永恆不過如此。

我一直很想參觀落水山莊，也一直計劃著，但是真的來到這裡之後，卻幾乎不知道該從哪裡看起，或者該做什麼。並不是這棟建築有任何令人失望之處，而是覺得在親眼見到它的模樣之餘，我還需要多一點體悟。我在之前已經看過太多關於它的照片，因此跟「房子面對面的邂逅」似乎感覺有些虛假。比起我在許多建築書裡見到的美麗照片，這棟房子比較像是不夠格的複製品。

有這種感覺的不只我一個。導覽員帶著我們大約十人一起參觀，我注意到大夥幾乎都做了同一件事：我們專心注視著房子，身體幾乎往前傾，彷彿要汲取出眼前所見的每一丁點重要含意。我要是說出任何像是「這真的好美啊」的簡單誠實詞彙，肯定會尷尬到極點。

建築物就是會對人產生這樣的影響，這一點跟美酒相同。它鼓勵自認為萬事通的人做足姿態、夸夸其談，對男人來說尤其如此。在屋內參觀時，一位來自維吉尼亞州的退休教師就滔滔不絕，他堅信萊特在其中一間浴室裡用軟木塞來做為牆面，另一位度假中的歷史教師講起燈光更是沒完沒了。

萊特本人以及他誇飾的雄性領袖遊說術，也鼓勵這類的行為。落水山莊從來就不只是一間房子。相反的，它是「一項美好的祝福，那種每個人在世上都該體驗一次的美好祝福之一。」對考夫曼，他這麼寫道：「我對你的關愛遠超出客戶和建築師之間平凡的關係，這樣的愛化為落水山莊，呈現給你。你這一生再也不會擁有這般的事物。」萊特總是會寄出這類的信。我尤其喜歡他覺得有必要把「建築師」三個字強調出來，而不是「客戶」。

正是這種對於建築有近乎宗教性的偏執，使得造訪萊特作品遺址就像是一趟朝聖之旅。你覺得自己更像是參與一場聖禮，而不是欣賞一棟設計出塵的美麗房子。接著，你就會想到萊特設計的許多建築，都落在僻壤之地的事實。我開了六個小時的車子才抵達落水山莊，這樣的距離幾乎是我可以承受的朝聖旅程的極限了。而我還得再經過同樣一番努力，抵達他在威斯康辛西南邊塔里辛鄉間的住宅，或是他在伊利諾州春野市的丹納托瑪斯之家，或是遠在奧克拉荷馬州巴特斯維爾（Bartlesville）的普萊斯大樓。萊特在鄉間留下的建築記號跟在城市的一樣多，這一點超越了其他任何偉大的建築師。或許這種避開尋常文化之都的疏遠，為萊特多數的鄉間建築，帶來一種超脫客觀的力量。憑藉著落水山莊，萊特談到自己勝過了那一位先前聲望超出他的歐洲現代主義大師。更令人驚嘆的是，他是在賓夕法尼亞州西側僻壤地區，蓋了這棟卓越建築。地理環境掩蓋了萊特的雄心和自命不凡，以及他劍指心靈的姿態。畢竟，在你離開大馬路朝落水山莊前進之前，最後經過的事物之一，是一尊瑜珈熊歡迎露營車進入鄰近杰利史東公園（Jellystone Park）的巨大雕像。

朝聖是拖拉者的志業，其意義在於朝聖者進行一生一次的艱苦跋涉，讓自己充滿靈性。就定義來說，朝聖無法立即完成，也無法憑一股衝動就出發。否則那就不叫朝聖，而是一時興起。況且，拖延朝聖之旅也有助於讓時間長廊累積對朝聖目標的想望。朝聖遺址等待朝聖者前來的時間愈久，那股忠誠愈深厚。遺跡愈是古老，效果愈好。這就是為什麼拖拉者是最好的朝聖者。

·

參觀落水山莊之後的隔天一早，我在賓夕法尼亞高速公路旁的連鎖旅館大廳外的餐廳裡，隨著隊伍等待免費的咖啡和走味的葡萄乾麵包，一個男人站到我旁邊的位置問道：「你這趟走得如何？」

我還沒完全清醒，也沒想到會跟任何人說上話，因此根本不確定對方在說什麼。他指的是我到落水山莊這段路嗎？但是他不可能知道我到過那裡啊。還是他指的是我今天早上從旅館房間，走到拿咖啡和走味葡萄乾麵包的這段路？看起來也不可能。他不可能指的是任何一種象徵比喻的旅程吧，有可能嗎？他是問我在尋求

「明白」的問題上有任何進展嗎？

困惑之餘，我決定打蛇隨棍上。

我說：「很好。這趟很不錯。你呢？」

對方回答：「我很高興自己來到這裡。置身在此處是一種禮物，我們大夥都必須讓每一天過得充實。我衷心相信這一點。」

這下子我真的不曉得眼前到底發生什麼事了。不過我有個感覺，自己很快就會被邀請加入某種教會派別之類的，因此我隨手抓了一片走味葡萄乾麵包，祝對方有個美好的一天，便趕緊離開。為了保險起見，我把食物帶回房間吃。

是什麼事情讓我如此不安？那男人有說錯什麼嗎？我在他的邏輯說法上找出了什麼破綻嗎？自己是不是有些粗魯不禮貌？

我來到落水山莊尋找萊特拖延和耽擱的證據，可惜無可避免的，卻找著了跟自己有關的證據。我知道自己去那裡只是個藉口，爭取更多的時間，因為我還沒準備好坐下來寫作。照這看來，我這趟路走得既困難也糟糕。因為，有誰會想要橫過賓夕法尼亞州，來找出自己必須走多遠，才能逃避他應該做的事情？

我原本可以利用這段時間好好做點事情的，但是此刻我躺在漢普頓飯店房間超大尺寸的床上，吃著走味的葡萄乾麵包，同時看著降低音量的《世界體育中心》（SportsCenter）。難怪自己會逃離在等著拿麵包的隊伍中遇到的那個人。他和他感恩的旅館大廳處世哲學讓我汗顏。

萊特對於自毀行為也頗有自己的一套，這或許是任何一個拖拉者都有的典型特徵。一九〇九年，他剛完成「羅比之家」（Robie House）和「聯合教堂」（Unity Temple）的設計之後，隨即與一位客戶的妻子私奔到歐洲去。站到自己孜孜不倦、辛勤工作所換來的卓越成就的邊緣，除了讓自己逐日上升的事業脫軌之外，還有其他什麼可做呢？

在考夫曼出奇不意的造訪之前的九個月裡，萊特很有可能經歷了某種隨著這案子的重要和急迫而來的創作癱瘓；他可能因為壓力而失常，就像是救援投手在滿壘的情況下，卻似乎怎麼都找不到好球帶。他也可能出於恐懼自己其實不夠資格接下這工作，而一再拖延著進度。也或許，他面對自己財務和過往聲譽即將瓦解崩潰，心生絕望，因而不斷地一拖再拖。也或許，他就是愈來愈沒辦法去在乎自己的工作。他已嘗試去開化那些有錢的王八蛋，試著把些許靈魂帶進美國文化俗氣的嘉年華狂歡節慶中。他蓋了羅比之家、聯合教堂以及其他許許多多的建築，而自己從這當中得到什麼？那些王八蛋仍不斷抱怨，自己精心為他們設計的建築有哪些結構缺陷。在某次晚宴當中，一個客戶打電話向萊特抱怨他設計的天花板漏水，水滴答地滴到他頭上，萊特卻告訴他，把椅子挪開就行了。

也或許，萊特就跟達文西一樣，到底不是一個死硬派的拖拉者。建築學教授富蘭克林．托克（Franklin Toker）在其著作《落水山莊昂然而起》（*Fallingwater Rising*）中就提到，就算萊特等到最後一分鐘，才把他對這房子的想法落實到紙頁上；在這整段時間裡，他腦裡各種想法必定是不斷地過濾再過濾，他腦海裡肯定早已產生這房子的設計藍圖了。這就像是我太太發現我在沙發上打盹的時候，我告訴她：我看起來可能像是在睡午覺，事實上我是在工作。我總是在寫作。

萊特在自我宣傳上所向無敵，他的助手們也隨時準備幫忙宣揚他的傳奇。顯而易見的，萊特的助手毫無猶豫地四處散布萊特直到最後一分鐘才動筆把落水山莊的想法畫成設計圖的故事。畢竟，這類的拖延看起來像是在告訴人們，這位大師不負責任甚至是怠惰，非得要客戶嚇唬威脅之後，才能刺激他投入工作。

不過萊特的子弟兵們知道，人們有多喜歡把創意發想的過程浪漫化。在日常的練習中，拖延和耽擱可以讓人感到無聊和洩氣，但對一位偉大的藝術家來說，這習慣也可以被描繪成是某種冥想，就跟瘋狂有時候表現出來的方式一樣。拖拉者跟瘋子一樣，不受控制、破壞規則、逾越界線。萊特的倡導者（以及我們多數人）覺得落水山莊傳說之所以吸引人，在於它確認了我們需要什麼才能獲得肯定，確認了這世上就是有人不喜歡藝術或商業行為的常規慣例。萊特的子弟兵要讓我們知道，他是如何的天縱英才。這樣的人被交付一個待解決的問題時，會經過一段時間來突破各種障礙，表面乍看之下毫無作為，但整段時間裡其實持續在創造。然後彷彿變魔術一般，在危機的關鍵時刻，這一個人可能只是把心裡的想法轉換到設計圖上，接著，逐步地落實到石頭、鋼鐵、玻璃，最後整體棲息在賓夕法尼亞州西側一座瀑布上方。

・

絕大多數的拖拉者體驗不到自己習性的英勇感。我們感到的是挫折，以及根據無能為力的程度所引起的驚慌。一種被圍困的心理因而產生。小說家強納森・法蘭岑（Jonathan Franzen）告訴《紐約時報》的記者，他在寫暢銷小說《修正》（*The Corrections*）大多數章節時，得戴著眼罩、耳塞和耳套來隔絕所有會令他分心的東西。他想要消除寫作以外的任何誘惑。對法蘭岑來說，這些誘惑包括了午睡、橋牌和無所事事地擺弄著動力工具。

法蘭岑的說法引發了一些惱人的問題。首先，法蘭岑這一代的美國男性真的可能有耳罩這種東西嗎？再來，我們現在要比以前的人更容易受到外來的干擾嗎？在時間分配下的自我中心、內觀和雷射般的專注，把干擾視為必須擊退的敵人，因此前面這一問題獲得人們一致的同意。各種在我們工作時誘引我們的虛擬世界干擾，像是推特、線上賭博、線上遊戲「夢幻總教頭」（fantasy sports）、線上購物、色情片、「繽趣」（Pinterest），以及《康納秀》前一晚的片花等等，創造出一個新詞彙：網路閒蕩（cyberloafing）。我們這年紀的人會把這術語，聯想到泰勒那時代的「科學化鏟鐵」（scientific shoveling）。

要消除干擾的動力也造就出軟體、監視科技和像是「專心思考！」等應用程式的小型產業。有人可以從「保護我們自己不受衝動控制」這件事上賺到錢。查蒂・史密斯（Zadie Smith）在小說《*NW*》的謝詞中，就感謝了網路阻擋應用程式「自由」和「自我控制」，幫助她不受到外在事物的干擾。

當然，我們跟外在干擾的戰爭很早就出現在網路上。如果你曾經在工作時，把整個下午的時間花在點開聳動的標題，從一個曖昧含糊的連結連到下一個，你可能已經進入雨果・根斯巴克[3]（Hugo Gernsback）和他名為「隔離者」（Isolator）反干擾頭罩神器的故事當中。根斯巴克的故事出現在眾多「無奇不有的新聞」網站裡，光是這個類別的存在就可以看出，它主要目的是要讓我們有其他事情可做，就是不去做我們手邊應該做的事情。身兼作家、編輯和手段圓滑的生意人，根斯巴克在一九二六年創辦了《驚奇故事》科幻雜誌；他有時也被稱為「科幻小說之父」，不過他寧願自己的雜誌類別被稱為「科學小說」。在一九一三到一九二九年間，他也編輯了一本《科學與發明》雜誌（*Science and Invention*），成為喜歡動手做小發明的人和業餘實驗家討論的園地。拖拉者對未來的迷戀，也跟根斯巴克如出一轍。我們相信，未來才是做我們此刻應該做的事情的最佳時機。

根斯巴克在一九二五年七月刊出的雜誌中，介紹了「隔離者」，這裝置可以幫助作家和其他需要動腦力的人專注在手邊的任務。利用軟管連結著氧氣瓶的「隔離者」，透過把使用者的頭包覆在像是潛水夫使用的頭罩裡，來反制干擾。頭罩把使用者跟外在雜音隔開來，看出去的視力範圍也僅限於一條窄窄的切口，大約就是只

3 雨果．根斯巴克（Hugo Gernsback），盧森堡裔美國發明家、作家和雜誌出版商。世界科幻小說協會頒發的科幻小說最高榮譽「雨果獎」便是以他命名。

能看見一行文字的寬度。

雜誌上一張照片顯示了根斯巴克在「隔離者」帶來的靜謐中，振筆疾書的模樣。至少照片上的人據信是根斯巴克本人，你很難說得準，藏在頭罩底下的到底是誰。不管此人是何方神聖，他全身上下的裝備都像是要登月、要去探險，而不是坐在辦公室桌前振筆疾書，因此整個氛圍顯得滑稽好笑。

根斯巴克為他各式各樣的發明共取得了八十項專利，包括了電動髮梳和可以使用人牙作為助聽器的裝置。自命不凡的根斯巴克喜歡戴上單片眼鏡，細細研究餐廳的菜單，在美式傳說上贏得「小物發明狂人」的小名氣。一九六三年的《生活》雜誌稱他為「太空世紀的巴納姆」。他從來沒為「隔離者」申請專利，但是他的點子啟發了法蘭岑在寫作前，準備耳罩和眼罩的靈感。

・

根斯巴克穿著貌似化學防護服的「隔離者」，法蘭岑戴著耳罩：這些畫面看起來像是某些人在尋找庇護所，彷彿抵擋著什麼襲擊一樣。這種態度呼應著散發恐懼和焦慮的世界，所以說，我們真的會因作家常有這種觀點而感到驚訝嗎？

曾經，我們以為作家們屬於拖拉者中的特殊種類，也因為如此，他們工作的時間和編輯之間的關係，跟傳統的雇員和坐在高級景觀辦公室裡的老闆的關係是不一樣的。耽擱一本拖延很久的小說書稿，似乎跟拖到最後一分鐘才匆匆寫下本週員工會議議程之間也有所不同。但是自由接案的工作興起之後，把這一切全改變了。如今生活在布魯克林、芝加哥、波特蘭和奧斯丁等城市，幾乎全是四處遊逛的自由工作者——也就是拖拉者。當你可以自由安排自己的工作進度時，也就可以完全忽視它不加理會。當你可以工作好幾年都不需要和雇主開會，要維持遵守截止期限的相關紀律，也就不容易了。自由接案在經濟結構特徵中的輕忽失職，對拖延耽擱行為的常理化也助了一臂之力。

然而若把拖延簡單地視為我們心神不定時期的症狀，似乎在歷史或哲理上都未見精確。首先，人們好幾世紀以來就會耽擱和延遲，並為此而厭惡自己。這習性不僅早於網路時代，也比蒸汽火車、烤麵包機等東西出現的時代更早。所以說，沒錯，推特推文也許不斷湧現，網飛（Netflix）裡的影片不斷快速增加，但是拖拉者依然有著動力，因為他們有選擇（儘管選項太多）。網路阻擋應用程式以「自由」為名，其目的（或許）正是要加以限制、要減少選擇。同樣的，應用程式「自我控制」的使用者，也真的把自我控制的工作轉包出去。他們允許自己不做這項工作。當我們想要保護自己不受干擾，卻向最能干擾人心的裝置求助，這不是很怪異嗎？

分心、干擾真的就只是關乎選擇而已。不過話說回來，選擇是個賤貨。我們不只想要一樣東西，卻只能要一樣東西。我們想要自由，但是自由又讓我們嚇得半死。我們不夠認識自己，不知道自己到底要什麼。有一面的自己想要一樣東西，但另一面想要其他的東西。最根本的分歧之一，是此時的自我和未來的自我。當下此時的自我可能想要趕走自己所有的義務，未來的自我則必須處理後果。當我們沒辦法讓存在於自我議會內相互競爭的黨派維持和諧時，就會開始拖延。

當各個自我之間的戰爭變得非常激烈，就有可能召喚出「自我克制」。這就是為什麼在諸多關於干擾和自我控制的討論中，希臘傳奇英雄奧德修斯（Odysseus）老是會被提出來的原因。大夥都知道這個故事：當船隻接近賽蓮（Sirens）女妖的海上家鄉時，奧德修斯為了抵住她們引誘水手、讓船撞上岩岸的危險魅惑歌聲，便下令船員把他綁在船的主桅上。在誘惑襲來之前，他先約束自己遠離誘惑，而他的遠見也拯救了他。（這老故事最常被忽略的一點，是把自己綁起來並不是奧德修斯想出來的點子，而是喀耳刻（Circe）建議他這麼做的。喀耳刻本身就是個魅惑男人的恐怖女神，因此想必也是個避開誘惑的專家。）根斯巴克「隔離者」的自我束縛，是直接沿襲自《奧德賽》的一樁怪異例子。奧德賽藥廠製造的抗癮劑安塔布司（Antabuse）也有同樣的作用，它結合酒精之後會產生非常不愉快的副作用，因此被一些戒斷中的人用來避開酒精的誘惑。

我很難不去把這些古老的希臘故事，想成是失控的拖拖拉拉故事集。要不然，我們要怎麼解釋，奧德修斯在戰爭過後那些曲折的返鄉路，他無止盡地在地中海域裡遊蕩，不就是努力地拖延歸化的時間嗎？他的妻子潘妮洛普（Penelope）更是拖拉者的翹楚。潘妮洛普在家鄉琦色佳一心等待丈夫的歸來，同時間又被一百零八位追求者圍繞著，每個追求者都確定奧德修斯早已死去，也都希望自己能取代他的位置（這數字是不是讓我們記起阿爾伯特・艾利斯向一百位女孩搭訕、希望可以約會的事件？）誰又能責怪潘妮洛普對於自己的先生也有所懷疑呢？不過，她用來擊退眾多追求者的理由實在巧妙至極。她宣稱要替年邁的公公織裹屍布，並堅持自己完成這件事之前不接受任何人的追求。接下來的三年裡，她織著長袍，每天晚上又把前一天完成的部分拆掉，好無止盡地延長工作。她的計謀成為守貞婦傳說的一部分，但在我看來，這使她成為最傑出的拖拉女英雄。她向我們展現了，延遲、狡猾和欺瞞（甚至是自我欺瞞）也可以是英勇的表現。

每一年我都會拖延注射流感疫苗的時間。既然我不想要被傳染到流行性感冒，這種行為就很沒道理。問題在於那些針讓人很不舒服，醫生的辦公室更讓人難過，事情因此變得複雜。打一針流感疫苗應該很簡單，但是任何拖拉者只要想得夠久，就能把整件事弄得很複雜，搞到最後進退兩難。為什麼自己要拖著不去打疫苗？部分是語言的關係。想到「注射」兩個字，就引發了恐懼，變成一件應該要閃避的事。這是每個拖拉者都會使用的技巧：藉著緊張來拖延某個行動的能力，而緊張本身又時常會製造合理化的解釋（不管聽起來多彆腳），來為未來的無所作為辯護。

我們有時候把這稱為過度思考，如果你問我，我會說這四個字有過於自我吹捧的意味。這聽起來像是拖拉者的問題，就在於他無可阻擋的心理意志，無法被馴服，只好跟著一起奔跑。緊張只是一個人思路的改道，遠離「作為」而朝向「無所作為」。只要你花足夠的時間去思考你該做的事情，你可能就不需要去做任何這些事了。我告訴自己，所有的醫療衛生保健可以看成是延遲的一種形式。它的目標是要拖延一個完全自然的過程，也就是死亡。也許排隊等著注射流感疫苗的人才是真正的拖拉者。

治癒本身就是矛盾的。醫生以健康之名，把我們開膛破肚、讓我們吃藥，侵入我們的身體。為了長壽，我們忍受痛苦和暴力的養生方法。所謂成為病人，是你會變得很不耐煩：不光是在候診室裡等待的時間、不光是等待檢驗結果出來的時間，更是失去對自己生命的掌控權——我們在進行治療時都能體會到這點。還有哪些時刻會比我們坐在醫院候診室時，更能了解自己的身體呢？即使是最平常的健康檢查也讓人感到迷惘，就像是從日常生活的管理邏輯中暫時休息。一旦醫生要我脫下衣服，我的能力和天分、我的財產、教育就一無所用了。在疾病讓我們棄械投降之前，醫療衛生的例行規矩也已暴露了我們的脆弱——我要怎麼把這紙袍綁起來？當醫生的手開始四處打探的時候，我的眼睛得看向哪裡？

疾病也屬於一種拖延，一種過渡。它就像是日常生活中的下課時間，一件每個假裝得了感冒好避開考試的學童都知道的事情。我在小時候始終沒辦法把這種欺瞞技倆練好，現在回想起來，或許能夠解釋自己成年之後慣於拖延耽擱的傾向。自己仍然嘗試著往前行的方向停下來，去抗拒生活中居於主宰地位的日程表嗎？健康的孩子會假裝咳嗽、喉嚨痛，不光是因為他們還沒準備好面對拼字小考，也是因為他們被生病帶來的迷惑和新鮮感所吸引。他們從生病這件事，發現一種從平淡日常解放的滿足。坐在家裡的沙發上看電視、打電動本身或許沒啥特別，但是從教室、科學課和自習教室的課表作息中釋放出來，這滋味可就美妙了。孩子將生病浪漫化的行為，正是蘇珊・桑塔格在其書《疾病的隱喻》（*Illness as Metaphor*）做出的警告。生病讓你這個人變得有趣。

結核病曾經一度和創造力之間有強烈的關聯性，當藥物開始控制這疾病之後，批評的人害怕這對文學產生的影響。桑塔格引用拜倫喜歡自己蒼白臉色、並希望因肺病而死的文字：「因為淑女們就會說：『看看可憐的拜倫，他臨終的樣子多有意思啊。』」

因為生病留在家中沒去上課的小孩，也都能感覺到自己的特殊。誰能責怪他呢？（即使是假裝的）生病改變了一個人。當你留在家裡不去學校時，你在教室裡反而有了存在感，這是當你真的坐在教室裡時，可能永遠都做不到的事情。其他人擔心著你，你的朋友幫你帶回家庭作業。

自傳書籍中老掉牙的元素之一，在於那些改變（或回想起來解釋了）某人悲慘一生的「重大性傷害或是疾病」。小狄奧多．羅斯福（Theodore Roosevelt）童年患氣喘、富蘭克林．羅斯福患小兒麻痺症、貝多芬的耳聾，以及聖依納爵．羅耀拉（St. Ignatius）在潘普洛納戰役上被大砲擊傷。傑克．凱魯亞克（Jack Kerouac）在成為「垮世代（Beat generation）」著名小說家之前，在麻塞諸塞州羅威爾中學的橄欖球隊擔任腳程快速的後衛。身為狂熱的運動迷，他夢想著領軍打玫瑰盃，或是贏得世界重量級摔角冠軍的頭銜。他後來進入哥倫比亞大學一年級橄欖球隊，在初次上場對抗紐澤西聖伯納預校的比賽中，在一記踢球時傷到了腳。他的教練懷疑凱魯亞克的傷勢沒那麼嚴重，說他是詐病。我想像，這剛起步的文藝青年抽著菸斗懶洋洋地站在休息室裡，提醒這些運動員，他們汗流浹背的拼命努力，只不過是種耗費體力的惡性循環。他以小說《柯迪的幻象》（*Visions of Cody*）中象徵他自己另一面的主角傑克．杜羅茲的口吻如此寫道：「並列爭球，屁啦！我要坐在這房間裡欣賞著貝多芬，我要寫出高尚的言詞。」

即便在痊癒之後，凱魯亞克和他的教練們的衝突仍持續著（這需要驚訝嗎？）。大約在第二個球季當中（或之後），他決定離開球隊和大學，開啟了他其後一生的放棄模式。凱魯亞克從大學輟學兩次，一九四二年加入海軍之後沒能完成基礎訓練，加入商船船隊三個月之後也離開了。他做過船員、體育賽事記者、服務生以及其他工作，但始終做不久。他告訴軍方他的工作資歷會如此「貧乏」，是因為他「花了很多時間讀書」。一九四三年，海軍軍方要他滾蛋，以「不適任」的理由解僱了他。由凱魯亞克代言的「垮世代」生活方式，只能解讀為一種延伸的拖延。

拖拉者或可分為兩類：一種是沒辦法有始有終（例如凱魯亞克），另一種則是一開始就欲振乏力（例如萊特最後一秒才趕出落水山莊設計圖的傳說）。落水山莊拯救了萊特的職場生涯，他本來已被視為再無任何影響力的過時人物，落水山莊讓他再度成為美國國產建築大師，大筆佣金收入再次湧向他的帳戶。萊特在一九四三年接下了古根漢基金會在紐約市的現代美術館設計案，這設計案在接下來的十六年裡無法完成，這次並非因為萊特感到茫然，而是因為他必須先克服二次世界大戰的干擾以及當地對手的競爭等緣故。

萊特始終未能親眼見證古根漢美術館的落成。在美術館開幕的幾個月前，萊特在小腸堵塞的緊急手術中，因併發症而過世。醫療團隊中的一位醫生告訴記者：「他的手術進行得很順利，但突然間他就走了。」他當時已經九十一歲，老實說，就「猝死」的情況來說，他也實在活得夠老的了。

提到古根漢美術館，萊特把館方展品沿著一道三分之一英里長、六層樓高的迴旋坡道擺放，坡道以頂端有天窗的中庭為中心，向上螺旋攀升。對萊特來說，這迴旋坡道代表著志向和卓越。另一方面，古根漢美術館裡的坡道，從另一個方向的詮釋也同樣有道理。它往下蜿蜒，漸漸縮小。這坡道上下兩個方向都得繞著圈，就像是史詩英雄走的道路（或是沖向下水道的水流）。拖拉者的道路從來就不是一條直線。我們從一件事轉開，朝向另一件事，然後重複著這行為幾次，每次只能得到逐步的進展。我們相信，不透過主動追求，照樣可以獲得知識學問、滿足欲望。

8.

現在還不是時候

-

讓我貞潔，克己，但現在還不是時候。

—希波的奧古斯丁《懺悔錄》

在離達爾文故居不遠、橫亙肯特郡而出的道路當中，有許多可以追溯到羅馬統治不列顛的時期。達爾文在一八四〇年代抵達這裡時，這些道路已經如小徑般狹窄，幾乎無法容納他的四輪馬車通過。這些道路就算到今日也沒有拓寬。我到肯特郡去參觀他的故居時，我讓一路從倫敦載我到這裡的保加利亞裔優步（Uber）司機狄梅特，讓我在大約半英里外下車，這樣我才有機會在鄉間小徑上走一走。達爾文曾經花了多少早晨時光在相同的風景中遊逛啊，我想像自己仿效這偉大人物漫步其間。

這一段路美麗得難以置信：十一月天的草原依然鮮綠。迷人的小屋、沿著道路蜿蜒而立的石牆，柔和的豐饒土地和清霧。但是我在一條窄巷裡的急彎處，差一點就被急馳的荒原路華（Land Rover）四輪驅動豪華休旅車，壓在其中一面石牆上動彈不得。我試著把這想成是達爾文主義裡關於「生存競爭」的一場教訓。在自然界對於貧乏資源（狹路上的空間）的競爭裡，適者（荒原路華）永遠都會戰勝不適者（我）。

打從我在希斯羅機場走下飛機的那一刻起，就遇到許多置身在達爾文影響力範圍內的徵兆。買咖啡找回來的零錢，是一張十英鎊的紙鈔，這偉大人物就印在紙鈔背面，在英國女王的正後方。紙鈔一角是達爾文的放大鏡，對一個從觀察細小事物得出重大觀念而做出貢獻的人來說，這樣的圖像相當合宜。

達爾文在一八三六年從「小獵犬號」搖搖晃晃上岸之後，就不再工作，也不曾再離開英格蘭。他多數的時間都待在家裡、寫作、憂慮和散步。他的屋子成了他的野外工作站、實驗室和圖書館。（他選擇這塊地方，多半是因為土壤的組成成分和生物地理學中的多樣性。我想像他和房地產仲介經紀之間的對話是這樣的：有三間浴室挺不錯的，不過我真正想要的是含有碳酸鈣的土壤。）

一等他在此安頓下來，達爾文似乎就定住不動，像一顆黏附在船底的藤壺。他立刻以自己的方式投入工作。他種植蘭花和櫻草花，培育食蟲植物，提供剪下的指甲給它們吃，測試它們的飲食極限。他清除了一塊兩英呎長、三英呎寬的光禿雜草區，記下了哪些被風吹斜的瘦弱幼苗會生根、茁壯，以及哪些沒有存活下來等等的豐富筆記。他還切開了藤壺。

達爾文花了八年在故居裡研究藤壺，智力巔峰期的關鍵八年。就算對他來說，這也太過分了一些。他對這些小東西厭倦了。「我痛恨藤壺的程度遠遠超過任何人。」他對一位朋友如此抱怨。他質疑自己花這麼多年在藤壺狂熱上的賭注。他和藤壺密不可分的八年期間，另一位博物學家阿爾弗瑞德・華勒斯（Alfred Wallace），開始思考達爾文過去幾十年來一直在想的進化理論，此舉威脅了達爾文在科學上領先的所有權。也就是說，研究藤壺的代價幾乎令他拱手讓出自己在科學偉人圈的位置。他很可能因此失去讓自己的肖像放上十英鎊紙鈔背面的榮耀。

聽說了華勒斯的研究之後，達爾文寫信給一位長久以來就警告他不要再拖延的朋友：「你說過的話如今像是報復一般實現了。」另一方面，藤壺也教給他一些事情。藤壺的世界包含了無窮的變化：缺腳的、性別不定的、沒有肛門的。也就是這些微小的變化提供了物競天擇的原理。達爾文首次切開藤壺之後，打算寫成的報告，隨著時間的延續，最後演變成四冊的書。這些書為他在一八五三年贏得自然知識貢獻類別的「皇家獎章」（Royal Medal）。這份殊榮或許也帶給達爾文勇氣和自信，終於帶著《物種起源》往前進。

·

達爾文故區的首席園丁羅旺·布萊克就住在這片莊園裡，在達爾文鍾愛的樹木、樹籬和草坪間工作著。當羅旺告訴我，他為自己的生活所做的安排時，我回答：那聽起來相當愜意；不過我並沒有認真考慮這當中牽涉到的身體勞動，以及不時得彎下腰工作等因素。我想，唯有當你不需要真的在花園裡幹活時，花園才能散發出最美好的一面。

任何時間走進達爾文的庭園，我都能感覺到這偉大的博物學家先前也在這裡走動著，他看見的景物跟我看見的應該相同。這庭園對達爾文來說，就像是某個自然博物館，一個他可以走進尋求答案的地方。我注意到自己走在這地方時，會自然地把兩手交疊在身後（我在其他地方根本不會這麼做）、頭稍微前傾，彷彿陷入思緒之中。我想像維多利亞時期的紳士科學家們走路沉思時，就該是這副模樣吧；不過我對於維多利亞時期的紳士科學家們（或是沉思這部分），了解相當有限就是了。

「只要達爾文遇上問題，他就散步。」布萊克領著我參觀這地方時這麼說。對照達爾文散步次數的頻繁，也顯示出他的生活很有問題。如果達爾文沒辦法在庭園裡走十圈的時間之內解決難題，他就會認定自己可能根本沒有解決辦法。布萊克告訴我，在達爾文生命末期的時候，身體過於虛弱沒辦法自主行動，就會坐在輪椅上繞著庭院走。即使沒辦法起身走路，他仍然無法想像自己不去散步的畫面。

達爾文總是以順時鐘方向逛著庭園小徑，因此我和布萊克也採同方向前進。他指給我看達爾文種下的樹，以及肯特丘陵地連綿到薩里丘陵之間的景色。烏雲盤旋在遙遠的山坡上方，陽光和暗影在低地上交錯。從達爾文的故居可以走進英格蘭和威爾斯縱橫交錯的公路之一，我心想，若是能夠走到肯特郡各角落該有多好——若真如此，何不乾脆走完整個英格蘭呢？順著這些路徑就行了。

當雨勢突然變大的時候，我還沉浸在白日夢裡。不折不扣的傾盆大雨，此刻再也不見清霧、不見豐饒土地，只有一重重的雨幕。布萊克建議到達爾文的溫室躲雨，我們倆就去了。能夠把植物學史上的著名地標，當成方便的公車遮雨棚使用，也算是了不起的事。我們夾在各式蘭花之間等待雨停，期間，布萊克試著讓我更熟悉達爾文。大雨劈哩啪啦地重擊在溫室的窗玻璃上。我好奇達爾文是否曾在類似的風雨天在溫室裡閒逛著，聽著同樣的聲音。但我想，應該沒有。布萊克之前就告訴過我，達爾文喜歡以十五分鐘為一單位，把一天分割成好幾部分。我猜想，這是他設法讓自己盡可能發表作品的方法。對一位理所當然的拖拉者來說，達爾文也未免太過於嚴守紀律了。

我們有可能為拖延行為做出合理的解釋嗎？要為拖延行為辯護，就像是報紙上那些科學健康類專欄編輯喜愛的違背直覺的故事：吃紅肉、喝酒等，先前被認為是有毒的，後來卻顯示其實對我們有益。

在古希臘，當人們試著洗刷某個人在法律案件中被控的罪名時，會準備好一篇演說來為他辯護，這演說稱為「申辯」（apologia）。不過現代版的申辯已經翻轉了這層意義。今天，當我們道歉（apologize）時，我們承認自己的錯誤。我們承認有罪。寫到這裡我已改變了想法，覺得這本書既是申辯也是道歉，既是告解也是論證。即使在承認自己罪行的同時，我也想要為自己辯護、為我的拖延行為辯解。

我公寓大門的門把已經搖晃了好一陣子。感覺就像是只要使勁一拉，門把就可能應聲脫落。我已經學到（其他家人也學到）不要使勁地開門。我們呵護著這門把，輕輕地，輕柔地，而它也就不會找麻煩。到目前為止，一切順利。

有人可能會建議，「把那該死的門把修好」就沒事了。

如果我坦白說，我已經告訴自己這法子好一段時間了，這會讓對方覺得好過些嗎？「修好那該死的門把」在我的待做清單上，已成了半永遠的固定風景。我頻繁地檢視這些清單，「修好那該死的門把」的需求不斷提醒著自己。但我還是沒對這項需求有所回應。

我的拖延最糟能招致什麼樣的結果？我可以想像門把直接從門上被拔出來，自己被困在屋內出不去，除了打電話給鎖匠以外別無他法。這會很丟臉。但這可能性還沒有丟臉到能夠逼我現在就採取行動。這需求還不急迫。門把已經晃了好一段時間，我到目前為止也都好好的。不急。

也沒有任何的急迫性需要把看醫生的時間訂下來，或是更新汽車登記資料，或是清理火爐的過濾器，或是終於把廚房時鐘從標準時間改成日光節約時間。還是該把日光節約時間改回標準時間？我永遠也搞不懂這兩者之間的關係。不管事實是什麼，改變在幾個星期前就發生了。自那時候起，只要我任何時候看向公寓裡的時鐘，就默默在心裡加上一小時。還是我都是減掉一小時呢？

我的拖延行為困擾我的地方在於，我並沒有在做「理想的自己」相信自己應該做的事情。這一點也困擾著利希滕貝格、達文西，以及其他許許多多偉大的拖拉者。達文西臨終前應該責備了自己：「我留下來的一切都沒有完成！」達文西故事的教訓應該是告訴我們，如果我們沒有即時完成正事，到頭來只留下悔恨。

如果說偉大的拖拉者教會了我什麼，就是很多我們想要做的事情，實際上是非常非常困難的：學新的語言、進行我們滿心害怕的案子、跟我們想要認識的女性搭訕，這些事情讓我們處在很不舒服的位置——失敗、痛苦、尷尬。就算我們必須做的事情不那麼困難，要我們延期再做的誘惑仍存在著，使得它們變得更加困難、更有挑戰，也更有趣。這可能也是另一個原因讓拖拉者覺得，與其處理手邊的事情，整理衣櫃、重新命名音樂播放程式上的歌單，或是花個十年研究藤壺，會是更好的點子。

科學告訴我們，如果我們不趕快採取行動，停止對地球造成的傷害，這世界就會毀滅，我們也在劫難逃。但是我們多數人關心具體的現在勝過抽象的未來。我們會想把「懺悔吧，在一切太遲之前，改變你的作為；否則，你會懊悔莫及」的認知往後延。

但希望自己了無悔恨不是有些荒謬嗎？

我當然會有遺憾懊悔的地方。我本身就是個懊悔機器。留下來的事情當然會沒做完。怎麼可能不會？我真的相信只要自己有條理、夠理性，就可能心滿意足地死去？我絕不可能達到完美再完美，或是非凡再非凡。我需要模稜兩可也需要清楚的連貫性，需要懊悔也需要完滿。

我是個平凡人，我的失敗，也屬於我人生最美好的一部分。

查爾斯·達爾文在一八八二年過世時，出版了二十五本書。最後的作品和蚯蚓有關。當他沒有在做像是重塑知識史軌道的大事時，他喜歡研究蠕蟲。跟著「小獵犬號」返回英國之後，他思索著關於蠕蟲的事情，一想想了差不多半世紀。當我們比較研究主題，蠕蟲給人的感覺較為微小，甚至是卑微。但是達爾文欣賞蠕蟲對這世界驚人的影響力。他尊敬牠們在土壤改良、回收利用，甚至是考古學遺物在保存上的才能。他在寫給一位朋友的信中寫道：「我們應該『感謝』蠕蟲。」蠕蟲呈現出達爾文研究主題的特色之一：導向重大結果的微小遞增活動。達爾文有些蠕蟲的研究持續了好幾年。為了一個案子，他坐在住家後面田野一塊石頭上，測量著石頭隨著時間可以下沉多深，好得知蚯蚓排除了多少土壤。他並不熱中旅行，但是他走訪了巨石陣（Stonehenge），就只為了知道為何這遺址有些巨石被埋進蚯蚓糞當中。他動員全家人幫忙他的蠕蟲研究，請孩子贊助吹低音管、彈鋼琴，吹口哨吹得震天價響，好調查蚯蚓對音樂的反應（實驗結果證明，牠們不在乎他兒子的低音管，但是把牠們放進大缽裡再擺到鋼琴上，牠們對於彈鋼琴引起的顫動非常敏感。）讀到達爾文在信件中談論蚯蚓的研究，可以感覺到他對於把生命耗費在這方面：置身在孵化出的幼蟲中、全神貫注在桌上的實驗、遊走在庭園之中，感到滿意；有沒有得到重大的突破發現（偏偏這是他最為後人所記得的），則是次要的事情了。他最終以蠕蟲為題出版的書，叫做《觀察蠕蟲行動和習性來理解蔬菜土壤結構之報告》（*The Formation of Vegetable Mould through the Action of Worms, with Observations on their Habits*）該書銷售速度飛快，短短幾週內就再刷兩次。話說這本書怎麼可能不暢銷呢，尤其是書名如此吸引人？

達爾文就跟他欣賞的蚯蚓一樣，打的是一場耐力戰。他注意到別人沒注意到的生物——像是藤壺和蚯蚓的特點——也賞識他注意到的這些生物。這些觀察研究逐漸積累，成為某樣比牠們自己更宏大的東西。我們對達爾文的最深印象，多是關於他的創意，但這些創意若沒有許多微小的觀察做為基礎，也不可能出現。

在生命終將落幕的時候，達爾文告訴一位老友，他已經在村子的教堂墓地找著了一位休息的地方：「世界上最美好的地方。」他和蠕蟲會相互作伴。

·

我對羅旺·布萊克和達爾文故居說了再見，我還得回到倫敦去。我的優步司機狄梅特應該要在半英里之外的多恩村跟我會合。如果交通順暢，我還能及時趕回倫敦的旅館，跟一位編輯開電話會議，且及時完成自己一個月前答應要給卻始終沒下落的大綱。

走到那村莊的路上，我經過一條當年的公路入口。這條路直接穿過一片童話般的草地，把楓樹和冬青樹林一分為二；遠處有一些看似繁榮的小屋農舍，和一座有圍牆的花園，景致相當吸引人。我又想到，如果順著這條路徑，看它會引我到哪裡去，這不就是一趟小冒險嗎？晌午的暴風雨已經遠離，到了下午秋陽正斜照穿過橡樹葉，點點塵埃漂浮在金光之中，我感覺一切都非常的「華滋華斯」[4]。我什麼時候還會再有這種機會？我可以走上幾英里，看看鄉間景色是否真能鼓舞我，就如它帶給達爾文的影響一樣；我可以在某個風景如明信片的村子裡找間酒吧。我查過地圖，有些鄰近小鎮的名稱實在吸引人：睡帽崗、獾山、普瑞特屁股（其實是谷地）。只有我一個人這麼認為，還是肯特郡裡的每個地名都容易讓人想入非非？

不管有沒有交稿期限，在富含浪漫氣息的肯特鄉間漫遊，機會實在難得，不應該錯過。我開始走上這條小徑，然後我又想到編輯還在等我的電話，優步司機狄梅特也在鎮上找我，我不能就這樣放他們鴿子。因此我轉回頭，走向通往小鎮的道路。

我走了大約一百碼，想到就這樣對商業扼殺人靈魂的要求投降，而錯過做一件自己可能一輩子都會記得的事——跟達爾文可能也會做的事一樣，走上這如圖畫般美麗的小徑——也未免太可惜了。我從自己跟偉大的拖拉者相處的時間學到，想出理由不去做我們應該做的事的能力，是人類心靈可以給予的偉大禮物之一。我們的推託、小小的妄想，以及自我欺瞞，都是為生命增添滋味。它們幫助我們對於自身義務，以及強加在它們之上的控制系統少些同情。因此我再度轉回頭，走向那條道路。

但是結果證明，要甩開義務是相當困難的。當我漫步在美輪美奐的小徑上，罪惡感持續叨唸著。罪惡感說，我當下需要做的事情，是回到倫敦完成工作。當個成熟的大人，專業一些。

我停下腳步，試著把整件事理出頭緒。我可以回到鎮上開會，或者我也可以沿著這條公路小徑好好探索。我知道，順著這條公路小徑走，表示自己得把工作往後延；而回到倫敦，就表示要延後這公路小徑的探險。不管我做什麼，我都得延後一

4 威廉・華茲華斯（William Wordsworth），英國浪漫主義詩人，曾當上桂冠詩人，文藝復興以來最重要的英語詩人之一。「華茲華斯」在此意指浪漫、雀躍。

件事。

我已經把自己搞進某個死胡同，根本沒法再信任自己的任何辯解。到了這一點，我也分不清哪個是義務、哪個是藉口，因此我無法決定自己到底想做哪件事。我不只沒辦法決定該不該拖延，也對哪個拖延是真正的拖延感到困惑。唯一可以肯定的是，我並不想要做此刻正在做的事：在這裡來回走著，哪裡都沒去成。

就在這時候，優步司機狄梅特停下車子。他正要進入村子時瞥見了我。他按了喇叭，停下車，搖下車窗。我趕過去跟他說話。

我記起了自己這一天早些時候想到的、關於某個正式的國際機構（或許像是聯合國教科文組織（UNESCO））的點子——我們應該列出世界偉大延宕行為發生之地的名錄，這些地方不曾發生過重大的事情（至少不是立刻）。查爾斯・達爾文的故居肯定會列入其中，哈姆雷特在赫爾辛格的城堡也可以列進去。這些會是拖拉者想要尋找的朝聖地點，好讓他們有事可做，而不用去做自己該做的事。就像是想要旅行的衝動從「渴望」中彈射出來，好去看看道路轉彎處的後面有什麼一樣，拖延是從「可能有些什麼事（或任何事），會比我們應該要做的事更好一些」的認知萌發而出。想到有其他的事、其他更好的事可做，就算我們不知道可能的結果會是什麼，也一樣讓人挺高興的，尤其是「我們不知道會是什麼事」的這一部分。如果能生活在兩個一模一樣的世界裡會有多美妙啊，這樣在任何時刻裡，我們可以選擇勤奮和懶散，可以當個拖拉者，也可以成為拚命三郎。

「您準備回倫敦了嗎？」狄梅特透過開著的車窗問我。

這問題很簡單，但是我站在那裡，沉默了好一段時間之後，才終於回答這問題。

致謝

我這拖拉者也實在拖了太久，才向以下這些人說出自己內心的感謝：老友和持續的靈感來源麥可·海奈和約翰·杜菲博士、忠誠的雜誌編輯吉姆·溫斯特、聰穎的珍妮佛·依甘、善於觀察的麥可·西西蘭諾和艾達·布魯斯丹，以及為我指出正確方向的修·依甘。

感謝喬·法拉利、提姆·派薛爾、蘿拉·羅賓和馬克·懷特，他們慷慨地投入時間教導我學術圈對於拖延的看法（書中若有任何謬誤，自然是我的緣故）；羅旺·布萊克帶著我參觀達爾文的故居；戴爾·萊爾斯和「利希滕貝格協會」好客的會員，以及紐奧良的安東尼·雷葛利神父。

感謝賴瑞·魏斯曼和賽沙·艾爾波兩位聰明、孜孜不倦的支持，迪壹街出版社的專家團隊：茱莉亞·雪菲茲、尚恩·紐卡特以及芮塔·梅居葛爾、芝加哥都會區的桑提拉家族：蓋瑞、瑪莉凱、葛倫和葛羅莉亞。

我要特別向《聖母院雜誌》（*Notre Dame Magazine*）的凱瑞·譚波致意，他是第一個建議我寫關於拖延行為的書、並耐心地等待我付諸行動的伯樂。我還要感謝A-L和安迪，為他們在所有真正要緊的事情上給予的幫助。

參考書目

Akerlof, George A. "Procrastination and Obedience." *The American Economic Review* 81, no. 2 (1991): 1–19.

Anderson, Fred. *The Crucible of War: The Seven Years' War and the Fate of Empire in British North America, 1754–1766*. London:Faber & Faber, 2001.

Andreou, Chrisoula, and Mark D. White, ed. *The Thief of Time: Philosophical Essays on Procrastination*. Oxford: Oxford University Press, 2010.

Augustine. *Confessions*. Translated by Henry Chadwick. Oxford: Oxford University Press, 1992.

"Battle of Brown's Mill," *GeorgiaHistory.com*, Georgia Historical Society. June 16, 2014, http://georgiahistory.com/ghmi_marker_updated/battle-of-browns-mill/.

Baumeister, Roy F., and John Tierney. *Willpower: Rediscovering the Greatest Human Strength*. New York: Penguin Books, 2012.

Benchley, Robert. *Chips Off the Old Benchley*. New York: Harper Bros., 1949.

Berglas, S., and E. E. Jones. "Drug Choice as a Self-Handicapping Strategy in Response to Noncontingent Success." *Journal of Personality and Social Psychology* 36, no. 4 (1978): 405–17.

Berryman, John. *The Dream Songs*. New York: Farrar Straus and Giroux, 1991.

Black Robe (movie). Directed by Bruce Beresford, 1991.

Brands, H. W. *The First American: The Life and Times of Benjamin Franklin*. New York: Anchor Books, 2002.

Brown, Peter. *Augustine of Hippo: A Biography*. Berkeley: University of California Press, 1970.

Eco, Umberto. *The Infinity of Lists: From Homer to Joyce*. London: MacLehose Press, 2012.

Ellis, Albert. *All Out!: An Autobiography*. Amherst, N.Y.: Prometheus Books, 2010.

Ellis, Albert, and Shawn Blau, eds., *The Albert Ellis Reader*. New York: Citadel Press Books, 1998.

Ellis, Albert, and William J. Knaus. *Overcoming Procrastination*. New York: Institute for Rational Living, 1977.

Engammare, Max. *On Time, Punctuality and Discipline in Early Modern Calvinism*. Translated by Karin Maag. Cambridge: Cambridge University Press, 2010.

Ferrari, Joseph R. *Still Procrastinating?: The No-Regrets Guide to Getting It Done*. Hoboken, N.J.: John Wiley & Sons, 2010.

Ferrari, J. R., and D. M. Tice. "Procrastination as a Self-Handicap for Men and Women: A Task Avoidance Strategy in a Laboratory Setting." *Journal of Research in Personality* 34 (2000): 73–83.

Fischer, David Hackett. *Washington's Crossing*. Oxford: Oxford University Press, 2004.

Fox, Margalit. "Les Waas, Adman, Dies at 94; Gave Mister Softee a Soundtrack." *New York Times*, April 27, 2016.

Gleick, James. "The Making of Future Man." NYRDaily. *The New York Review of Books*, January 31, 2017. http://www.nybooks.com/daily/2017/01/31/hugo-gernsback-making-of-future-man/.

Johnson, Paul. *Darwin: Portrait of a Genius*. New York: Viking, 2012.

Kanigel, Robert. *The One Best Way: Frederick Winslow Taylor and the Enigma of Efficiency*. Cambridge, Mass.:

MIT Press, 2005.

Kemp, Martin. *Leonardo*. Oxford: Oxford University Press, 2004.

Kingwell, Mark. *Catch and Release: Trout Fishing and the Meaning of Life*. New York: Viking, 2004.

Knaus, William. *The Procrastination Workbook*. Oakland, Calif.: New Harbinger Publications, 2002.

Konnikova, Maria. "Getting Over Procrastination." *The New Yorker*, July 22, 2014. https://www.newyorker.com/science/maria-konnikova/a-procrastination-gene.

Lichtenberg, Georg Christoph. *The Waste Books*. Translated by R. J. Hollingdale. New York: New York Review Books, 2000.

McNamara, Pat. "Edgar Allan Poe and the Jesuits," *Patheos .com*, October 31, 2011, http://www.patheos.com/resources/additional-resources/2011/10/edgar-allan-poe-and-the-jesuits-pat-mcnamara-11–01–2011.

McPherson, James M. *Battle Cry of Freedom: the Civil War Era*. New York: Oxford University Press, 1988.

Menand, Louis. "The Life Biz," *The New Yorker*, March 28, 2016.

Pychyl, Timothy A. *Solving the Procrastination Puzzle: A Concise Guide to Strategies for Change*. New York: Jeremy P. Tarcher/Penguin, 2010.

Quammen, David. *The Reluctant Mr. Darwin: An Intimate Portrait of Charles Darwin and the Making of His Theory of Evolution*. New York: W. W. Norton & Co., 2006.

Rabin, L. A., J. Fogel, and K. E. Nutter-Upham. "Academic Procrastination in College Students: The Role of Self-Reported Executive Function." *Journal of Clinical and Experimental Neuropsychology* 33 (2011): 344–57.

Scheffler, Ian. "Football and the Fall of Jack Kerouac." *The New Yorker*, September 6, 2013.

Schneiderman, Stuart. *Jacques Lacan: The Death of an Intellectual Hero*. Cambridge, Mass.: Harvard University Press, 1983 (1994).

Sirois, Fuschia M., and Timothy A. Pychyl, eds. *Procrastination, Health, and Well-Being*. London: Academic Press, 2016.

Smith, Jean Edward. *Eisenhower in War and Peace*. New York: Random House, 2012.

Sontag, Susan. *Illness as Metaphor*. New York: Farrar, Straus and Giroux, 1978.

Steel, Piers. "The Art of Keeping Up with Yesterday." *The Globe and Mail*, March 11, 2011.

——. *The Procrastination Equation: How to Stop Putting Things Off and Start Getting Stuff Done*. New York: HarperCollins, 2011.

Stern, J. P. *Lichtenberg: A Doctrine of Scattered Occasions; Reconstructed from His Aphorisms and Reflections*. Bloomington: Indiana University Press, 1959.

Surowiecki, James. "Later." *The New Yorker*, October 11, 2010. https://www.newyorker.com/magazine/2010/10/11/later.

Thaler, Richard H. *Misbehaving: The Making of Behavioral Economics*. New York: W. W. Norton & Co., 2016.

Toker, Franklin. *Fallingwater Rising: Frank Lloyd Wright, E. J. Kaufmann, and America's Most Extraordinary House*. New York: Knopf, 2003.

Wilson, Frances. *Guilty Thing: A Life of Thomas De Quincey*. New York: Farrar, Straus and Giroux, 2016.

國家圖書館出版品預行編目（CIP）資料

拖延有理：從達爾文、達文西的拖拉歷史，看見被低估的人生智慧
安德魯·桑提拉（Andrew Santella）著；
劉嘉路譯. 一初版. 一臺北市：遠流，2018.10

232面；14.8×21公分. 一（綠蠹魚；YLP22）

譯自：Soon: An Overdue History of Procrastination,
from Leonardo and Darwin to You and Me

ISBN 978-957-32-8353-9（平裝）

1.成功法 2.生活指導

177.2　　107013534

綠蠹魚 YLP22

拖延有理

從達爾文、達文西的拖拉歷史，看見被低估的人生智慧

作　　者　安德魯·桑提拉 Andrew Santella
譯　　者　劉嘉路
特約編輯　陳琡分
封面設計　萬勝安
封面插畫　Zora Chou
內頁設計　海流設計
行銷企畫　沈嘉悅
副總編輯　鄭雪如

發 行 人　王榮文
出版發行　遠流出版事業股份有限公司
100臺北市南昌路二段81號6樓
電話　(02)2392-6899
傳真　(02)2392-6658
郵撥　0189456-1

著作權顧問── 蕭雄淋律師

2018年10月1日 初版一刷
售價新台幣330元（如有缺頁或破損，請寄回更換）
有著作權·侵害必究 Printed in Taiwan
ISBN 978-957-32-8353-9

遠流博識網 www.ylib.com　E-mail: ylib@ylib.com
遠流粉絲團 www.facebook.com/ylibfans

Soon: An Overdue History of Procrastination, from Leonardo and Darwin to You and Me
copyright © 2018 by Andrew Santella.
Chinese complex characters translation copyright © 2018 by Yuan-Liou Publishing Co.,Ltd.
This Chinese complex characters edition published by arrangement with Larry Weissman Literary, LLC, through The Grayhawk Agency.